Für meine Kinder Ferdinand, Leopold, Lilli, Lisa und Robert

Bernd Pillenstein

Zu den Hebriden

Ein Reisetagebuch
mit Fotografien

Vorwort

Letztes Jahr, im Frühsommer 2016, bin ich mit dem Volkswagen-Camper meines Sohnes ans nordwestliche Ende von Europa gefahren. Zu den Äußeren Hebriden, auch *Western Isles* genannt: eine Kette von unzähligen Inseln, nur zwanzig von ihnen ständig bewohnt, in einer Nord-Süd-Erstreckung von 200 Kilometern und 60 Kilometer westlich der schottischen Küste, inmitten des stürmischen Atlantischen Ozeans. Seit langem faszinieren sie mich als Inbegriff von Wind, Wolken, Sonne und Regen in schnellem Wechsel und kargen, einsamen Landschaften voller Mystik alter Sagen.

Vielleicht, so dachte ich immer öfter, finde ich dort auch die dahinziehenden Sommerwolken meiner Kindheit wieder, denen ich damals so oft hinterher geblickt hatte.

Hinzu kam, dass in meiner Bibliothek ein Buch des amerikanischen Fotografen Paul Strand aus den frühen Sechzigerjahren,

The Outer Hebrides, steht. Auf dem Buchtitel ein schwarz-weißes Foto mit Küste, vier kleinen Pferden und dahinter, vor dem Blick auf Gebirge und auf schemenhafte Umrisse anderer Inseln, ein kompaktes, kleines, schwarzes Haus, irgendwo auf South Uist (Abb. S. 92). Diese Szenerie wollte ich finden, diesen besonderen Augenblick völliger Weltabgeschiedenheit spüren, den Strand vor gut sechzig Jahren mit seiner Kamera eingefangen hatte.

Ein Jahr zuvor war ich, auch mit dem Camper, am ganz anderen Ende von Europa, im Südosten, auf Kreta unterwegs. Wenn man eine Linie zieht von Stornoway auf den Äußeren Hebriden nach Agios Nikolaos im Osten von Kreta, misst man 3 500 Kilometer (auf dem Landweg sind es 4 700 Kilometer) und erkennt dabei bald, was für ein facettenreicher Flickenteppich Europa ist. Hier mit dem Auto zu reisen, den europäischen Kontinent in seiner Mannigfaltigkeit zu entdecken, ist für mich ein sehr großes Vergnügen. Durch neue oder schon bekannte Landschaften, mobil und unabhängig von Flugplänen dahin zu fahren, völlig frei in der Streckenplanung und dabei mich und meine große Lust am Schauen zu erleben und meine anhaltende Sehnsucht nach Freiheit und der Entdeckung von Neuem zu stillen.

Als Schüler packten wir Zelt und Schlafsäcke auf unsere Räder und los ging es. Irgendwann dann der erste gebrauchte Camper, später auch ein neuer größerer, um zwei kleine Söhne einige Jahre mitzunehmen. Nach einer langen Pause wagte ich dann letztes Jahr einen erneuten Versuch mit meiner Reise nach Kreta.

Dabei zeigte sich, dass ich mein ideales Reiseauto (wieder) gefunden hatte. Viel Raum um mich, Platz für Einkäufe und Mitbringsel, genügend Stauraum für Kleidung, Vorräte, Strandzubehör und meine Fotoausrüstung. Nicht zu vergessen die immer

gefüllte Kühlbox und den kleinen Gasherd für den einen oder anderen Espresso, egal wann und wo. Die Reise geht los und jeden Tag entscheidet man von neuem, ob am Abend ein Hotel in einer lebendigen Stadt oder das Schlafen im Camper an einem einsamen Strand das Richtige ist. In Griechenland fiel die Entscheidung überwiegend für den Camper aus. In Schottland dagegen genau andersherum, denn dort am Abend gut zu essen, ist meist nur in den nicht so zahlreich vorhandenen Hotels möglich. Noch ein wichtiger Aspekt spricht für das sommerliche Reisen mit dem Camper: Die Siesta. Es kommt ja vor, dass man gegen Mittag an einem schönen Platz, direkt am Meer, frischen gegrillten Fisch genießt und aus Freude etwas mehr kühlen Wein dazu trinkt und dann doch plötzlich müde wird. Hier ist der Camper der allerbeste Freund, das Schneckenhaus für den erquickenden Mittagsschlaf. Die einzige logistische Herausforderung ist das rechtzeitige Finden eines schattigen und ruhigen Parkplatzes. Welch' herrliches Empfinden und viel besser, als die Zeit in einem mehr oder weniger stickigen Hotelzimmer zu verbringen.

Ich reise gerne allein. Natürlich ist gemeinsames Reisen und Erleben etwas sehr Schönes. Aber dazu ist es sehr wichtig, dass man gut zueinander passt, dass die Reisewünsche parallel laufen und auch die Neugierde auf Unbekanntes ähnlich ist. Denn faule Kompromisse beenden jede Reise früher oder später unfreundlich. Bisher fand ich keine Frau, die meine Art des Reisens mehr als einmal akzeptierte. Dazu trug und trägt mein intensives Fotografieren bei, das Unbeteiligte ziemlich nerven kann. Wenn ich auf Motivsuche bin, verfalle ich regelmäßig in eine Art selbstversunkener Konzentration, die Außenstehende wohl eher an eine milde Vorstufe von Autismus erinnern mag. Für mich aber sind mein neugieriger Blick auf die mich umgebende Welt und ihre subjektive Dokumentation grundlegende Bedürfnisse. Wer selbst schon einmal dem Sog des Fotografierens erlegen ist, weiß, wovon ich spreche.

Ähnlich muss es wohl auch Paul Strand ergangen sein. Sein Fotobuch ist gut verpackt und die Reise zu den Hebriden kann beginnen. Ich bin gespannt, ob meine Sehnsüchte gestillt werden und ich die Plätze und Landschaften meiner Fantasie finden und auch immer wieder einmal die hervorragende Küche Schottlands genießen werden kann.

Amsterdam

Im Morgengrauen ging es von Fürth aus los. Bis zum Fährterminal bei Amsterdam sind es fast 700 Kilometer. Ich kam dort viel zu früh an und vertrieb mir die Wartezeit vor der riesigen, elfstöckigen Fähre mit Lesen und einem knusprigen Brötchen mit Krebsfleisch und kühlem Bier.

Mit der Zeit kommen immer mehr Gäste an und werden in lange Wartereihen gewiesen. Camper, Wohnmobile, LKW, Oldtimer, martialisch ausgerüstete Geländewagen, viele Motorräder, Fahrräder und Reisebusse. Ich sitze in meinem Camper auf der bequemen Rückbank, habe die Schiebetür geöffnet und beobachte die Szenerie. In der Reihe rechts von mir stehen zwei Reisebusse. Der vordere mit disziplinierten, ruhigen und sehr leisen Japanern, der hintere mit Italienern, fröhlich laut und unruhig. Beide Gruppen scheinen auf ganz unterschiedliche Art die Angst vor dem Meer zu bekämpfen. Aber alles geht hier

sehr geordnet seinen Gang. Ganz anders als vor einem Jahr bei dem Fähranleger in Ancona. Dort wimmelte alles hin und her und durcheinander und der Lärmpegel übertraf die ruhige Gelassenheit hier am Anleger beträchtlich. Liegt es daran, dass es hier nach Norden geht und letztes Jahr von Ancona in den heißen Süden?

Ich greife wieder zu meinem Buch, Johann Gottfried Seumes *Spaziergang nach Syrakus im Jahre 1802*. Seume wanderte damals von Grimma in Sachsen zur Quelle Arethusa in Syrakus auf Sizilien. Und danach in weitem Bogen über Paris zurück. Angeblich waren es mehr als 6 000 Kilometer. Und das zu Fuß. Wie viele der Menschen hier sind wohl auch Wanderer, Nachahmer oder besser geistige Nachfahren von Seume? Zu Fuß zu den Hebriden? Warum nicht! Ich für meinen Teil reise lieber mit dem Auto, auch wenn man damit wahrscheinlich viel oberflächlicher Raum und Zeit durchmisst als auf den eigenen Beinen. Gegen siebzehn Uhr kommt langsam Bewegung in die Wartenden und die Einschiffung beginnt.

The Boath House in Nairn

Um acht Uhr stehe ich auf Deck 11 des riesigen Fährschiffes auf der Backbordseite im Freien und an die feuchte Reling gelehnt. Gleißendes Morgenlicht strahlt durch zarten Dunst über dem glatten graublauen Meer. Wieder vollständig beruhigt liegt es vor mir wie ein riesiger Spiegel. Ganz anders als während der vergangenen Nacht, als ich in meiner Koje herumrollte und kaum Schlaf fand.

Jetzt aber bin ich hellwach, atme tief die kühle salzige Luft und den Geruch des Meeres ein. Durch den Dunst hindurch, ganz weit entfernt, erkennt man bereits schemenhaft am Horizont die englische Ostküste. Noch knapp zwei Stunden bis Newcastle-upon-Tyne.

Dort dauert das Ausborden fast zwei Stunden wegen des erstaunlich strengen *immigration procedere*. Es ist fast schon Mittag, als ich mich auf meinen Weg nach Norden machen kann. An

Edinburgh vorbei bis Nairn, östlich von Inverness. Für die 450 Kilometer werde ich wohl sechs Stunden brauchen.

Aber dann bin ich in Schottland schon ziemlich weit oben. An den Linksverkehr ist man schnell gewöhnt. Aufmerksamkeit verlangen jedoch die oft dreispurigen Kreisverkehre (die übrigens die Engländer erfunden haben) und das Abbiegen, damit man danach wieder auf der richtigen Straßenseite, also links, ankommt.

Am Ende der Etappe erreiche ich *The Boath House*. Ein Hotel in einem Herrensitz aus dem 18. Jahrhundert inmitten eines riesigen Parks (18). Ich werde mit Namen begrüßt, aber nicht wieder erkannt. Drei Jahre zuvor war ich mit meinem Sohn Ferdinand hier, der ersten Nacht unserer Schottlandtour. Das Verdeck unseres Cabrios hatten wir während der zwölf Tage nur einmal offen, aber die Reiseeindrücke waren so nachhaltig, dass ich wieder kommen wollte. Vor dem Abendessen bestelle ich einen Gin Tonic mit meinem Lieblingsgin. »T and T«, sagt der junge Mann, als er ihn auf den kleinen Seitentisch stellt, zusammen mit der Speisenkarte und dem aufgeschlagenen Gästebuch. Ich nehme einen guten Schluck, trage mich in das Gästebuch ein und studiere die Karte. *T and T* klingt sehr klar für *Tanqueray Gin with Tonic Water*. Ich lehne mich in meinem weich gepolsterten Sessel behaglich zurück, schließe die Augen und meine noch immer das Rollen und Stampfen der vergangenen Nacht zu spüren.

Wester Ross

Am Morgen, nach einem klassischen schottischen Frühstück (englisch mal zwei), als ich auf die Rechnung warte, fällt mir das Gästebuch auf und ich beginne zu blättern, drei Jahre zurück, gleiche Zeit. Ich finde uns nicht! Ich blättere vor und zurück, vor und zurück, inzwischen fast hektisch. Ich finde uns nicht! Als hätten wir damals nicht existiert, wären nie hier gewesen. Existieren wir überhaupt? Ein sehr unangenehmes Gefühl erfasst mich, eine tiefe Beklemmung. Aber dann beruhige ich mich wieder durch den nahe liegenden Gedanken, damals einfach das Gästebuch nicht benutzt zu haben. Oder doch? Es bleibt ein Nachklang. Aber irgendwann später verstummt er unbemerkt.

Die Fahrt beginnt. Durch Inverness hindurch ohne anzuhalten. Aber ich denke daran, dass hier ganz in der Nähe im 11. Jahrhundert der schreckliche General Macbeth seinen Freund und König Duncan in einer mondlosen kalten Nacht ermordet: »When shall we three meet again ...«. Ich fühle mich in Schottland angekommen.

Dann erscheinen die weite Brücke über den Moray Firth und danach die nordwestlich führende Hauptstraße Richtung Ullapool. Von dort startet die Hauptfährverbindung nach Stornoway auf Lewis. Aber ich biege vorher bei Garve nach Westen ab, denn ich will zunächst nach Wester Ross und auf die Halbinsel Applecross. Ein Zimmer für heute Abend im *Torridon Hotel* in Torridon habe ich bereits reserviert und bald Achnasheen erreicht. Strahlender Sonnenschein und blauer Himmel mit runden Schönwetterwolken sorgen für blendende Laune. Der Verkehr wird immer weniger und irgendwann beginnen auch die berühmten *Single Track Roads* mit den regelmäßigen Ausweichbuchten alle paar hundert Meter, meist abwechselnd links und rechts. Und immer wieder die kleinen blauen Schilder: *Single track road. Use passing places to permit overtaking*. Die schmalen asphaltierten Spuren sind völlig ausreichend für die geringe Verkehrsdichte. Mit ihrer rauen Oberfläche werden sie als graue, mäandernde Bänder zu einem charakteristischen Bestandteil der wilden grün-braunen hügeligen Landschaft. Von nun an bewege ich mich fast nur noch auf diesen sympathischen Asphaltbändern, die zu behutsamem Fahren und intensivem Schauen animieren. Und wenn es einem früher oder später wegen der Großartigkeit der Landschaft die Sprache verschlägt, hält man bei der nächsten Bucht an, verweilt, steigt aus, blickt um sich, fotografiert und sieht niemanden weit und breit, hört kein Motorgeräusch, nur Stille, die zum Freund wird.

Vom späten 18. bis zum Ende des 19. Jahrhunderts fanden in Schottland die schrecklichen *Highland Clearances* statt. Die Großgrundbesitzer vertrieben zigtausende von Kleinpächtern von ihren Parzellen, um im großen Maßstab Schafzucht zu betreiben. Denn mit Beginn der industriellen Revolution war der Preis von Wolle nahezu explodiert und dadurch deutlich lukrativer für die Besitzenden geworden. Die Abhängigen wurden wie so oft zu Verlierern. Ganze Dorfgemeinschaften wurden zwangsweise aufgelöst und ihre ärmlichen Hütten zerstört. Teilweise wurden die Vertriebenen mit Gewalt auf Auswandererschiffe gebracht und nach Nordamerika, Kanada *(Nova Scotia)* und Australien verschifft. Das ganze große Land fiel an wenige Schafzüchter aus dem schottischen Flachland oder England. Noch heute wird die extensive Schafzucht als Geißel Schottlands bezeichnet. Erst 1886 endeten die Vertreibungen. Zerstört war das schottische Clanwesen und die gälische Sprache weitgehend ausgestorben. Allein an der Westküste der Highlands und auf den Hebriden blieb sie erhalten. Die Bevölkerungsdichte ist seitdem nicht mehr wesentlich gewachsen: In ganz Schottland sind es gerade einmal 69 Einwohner pro Quadratkilometer, in England zum Vergleich 417. Auf meiner weiteren Reise werden es sogar immer weniger Menschen. Auf den Hebriden sind es zehn, auf Islay sechs und auf Jura nur noch ein Mensch pro Quadratkilometer. Man könnte meinen, ich fahre immer weiter in tiefe Einsamkeit hinein. Aber ich empfinde das nicht so. Ich reise alleine und das ist etwas völlig anderes als Einsamkeit. Ich denke an John Steinbeck, den berühmten amerikanischen Autor, der sich 1960 eines der ersten Wohnmobile überhaupt bauen ließ, das er *Rosinante* (so hieß übrigens auch das Pferd von Cervan-

tes *Don Quijote*!) taufte, und damit zusammen mit seinem Pudel Charley zu einer dreimonatigen Reise durch 34 Bundesstaaten, auf der Suche nach dem wirklichen Amerika, aufbrach. In *Die Reise mit Charley* schreibt er ein wenig verschlüsselt: »Gegen die Einsamkeit scheint es kein anderes Mittel zu geben, als das Alleinsein«. Ich bin alleine unterwegs und kann dadurch also gar nicht einsam werden. Ich fühle mich froh und frei – auch ohne Pudel.

Kurz vor Kinlochewe, wo es nach links auf die A896 geht, halte ich am höchsten Punkt der Straße an einem Aussichtsplateau (22). Von hier aus hat man einen atemberaubenden Blick tief hinab auf das lang gezogene Loch Maree. Eingerahmt von imposanten Höhenzügen weitet es sich immer mehr. Und auf meiner Karte sehe ich, dass das Loch hinter dem Horizont durch einen Fluss mit dem Loch Ewe und dieses dann mit der Nordsee verbunden sind. Irgendwann später lese ich, dass die große Bucht im Zweiten Weltkrieg geheimer und geschützter Sammelpunkt zahlreicher englischer Nordmeergeleitzüge war.

Ich bin in Wester Ross angekommen, biege auf die A896 ab und fahre durch das einsame Glen Torridon. Die halbstündige Fahrt ist beglückend, entlang eines schnellfließenden Flusses und eingerahmt von sehr hohen und lang gestreckten Bergmassiven. Am Straßenrand blühende Rhododendren, dahinter tiefgrüne Wiesen, weißwollene Schafe und Koppeln von Pferden und überall, eingesprengt, große gelbe Ginsterbüsche. Darüber der kräftig blaue Himmel mit den runden, langsam dahinziehenden Schönwetterwolken. Sicherlich das schönste Tal der Highlands. Wer nur wenig Zeit für Schottland hat, sollte unbedingt zunächst hierherkommen.

Ich erreiche den kleinen Fischerort Torridon, fahre bis ans Ende und sehe dann rechts die Einfahrt zum *Torridon Hotel*. Es entstand aus der ehemaligen Jagd-Lodge von Lord Lovelace aus dem Jahr 1887. So hat man damals gern repräsentativ gebaut (32). Aus Stein und neugotisch geformt, mit zwei hochragenden mächtigen Türmen, einer rund, der andere quadratisch, überall Erker in verschiedensten Formen und das Motto des Lords in einem bleiverglasten Fenster neben dem Eingang: *Pensez à bien!* Und irgendwie kann sich das kleine extravagante Schloss sehr gut gegenüber der imposanten und übermächtigen Natur behaupten. Auf dem großen gepflegten grasigen Grund wachsen alte knorrige Laubbäume und perfekt geschnittene blühende Hecken bis hinab zu den Salzwiesen am Ufer des Lochs. Weit entfernt auf der anderen Seite der mächtige Höhenzug des Liathach, begrünt bis fast zum Gipfel hinauf (31). Mir gefällt es hier so gut, dass ich einen Tag länger bleiben will, aber dann ergibt sich bei einem Telefonat für morgen Abend eine Gelegenheit, die ich nicht verpassen darf. Auf der Insel Skye, auf meiner weiteren Route zu den Hebriden, davon aber später.

Nach einem langen Spaziergang zum kleinen Ort Torridon, hindurch und wieder zurück, finde ich mich im Speisesaal ein und werde zu einem kleinen runden Tisch an der Rückwand geleitet. Ich nehme Platz und blicke durch den großen Raum. An drei Tischen sitzen Paare in meinem Alter, die ihr Essen kurz unterbrechen und mich beobachten und auch das eine oder andere Wort wechseln. Hinter ihren Tischen öffnen sich hohe Fenster zum Park. Ich sehe, wie ein Taxi vorfährt, ein heftig gestikulierendes Paar aussteigt und das zahlreiche Gepäck auf Vollständigkeit überprüft. Mein Blick wendet sich wieder den Tischen zu und ich beobachte die drei Paare, wie sie schweigend weiteressen. Das Schweigen wirkt für mich aber nicht bleiern oder desinteressiert. Von Zeit zu Zeit eine Geste oder ein Blick zeugen eher von jahrzehntelanger Erkenntnis über das gemeinsame Leben, beschwert oder in Zaum gehalten durch hoffentlich nachsichtige Resignation. So sind sich die drei Paare in ihrem Verhalten ziemlich ähnlich. Zumindest hier im großen Speisesaal. Wie sie allerdings miteinander umgehen, wenn sie wieder für sich allein sind, lässt sich hier nicht erkennen und ich male mir aus, ob es von Zeit zu Zeit noch zu Szenen, ähnlich jenen aus den überhitzten Strindbergschen Ehedramen, kommen kann. Ich meine eher nicht. Die energiegeladene Egozentrik der

Jugend ging irgendwann verloren. Jeder weiß, wie er den anderen verletzen kann und muss es deshalb nicht zum zigsten Mal wiederholen, sondern lächelt lieber ironisch, fast verständig vor sich hin.

Jetzt beginnt das Paar in der Mitte über mich zu sprechen. Sie haben beobachtet, dass an meinem Tisch das zweite Gedeck abgeräumt, aber trotzdem eine ganze Flasche Wein gebracht wird. Dann erkennen sie, dass ich entspannt bin, mit gutem Appetit esse und wohl freiwillig alleine reise. Ein wenig suspekt finden das die beiden. Und dann darf er nicht immer wieder in meine Richtung blicken, denn sie hat, ein wenig besorgt, das leichte Glimmen in seinen Augen bemerkt und will ihn vor meinem schlechten Beispiel bewahren.

Die Pendeltür schwingt auf und neue Gäste kommen herein. Ein junges elegantes Paar, sie Asiatin, er mit dunklem südländischen Teint, geht Hand in Hand hinter dem Restaurantchef zu dem Tisch links neben mir. Er beglückwünscht die beiden zur gestrigen Hochzeit in Edinburgh und bedankt sich für ihren Aufenthalt in seinem Haus. Das Paar unterhält sich auf Englisch und wirkt sichtlich glücklich, strahlend und lebhaft. Sie schweigen nicht, alles ist viel zu aufregend und neu und ich lausche dem vielen leisen auf- und abschwingenden Lachen. Sie werden von den drei ehegestählten Paaren fixiert, eingeordnet, und dann nicht weiter beachtet. Und auch das junge Paar beachtet die drei und mich nicht. Es sieht nur sich, voll von Neugier, Hoffnungen und Wünschen.

Wieder schwingt die Tür auf, diesmal heftig und aufgestoßen von einer großen schlanken und blonden Frau, gefolgt von ihrem Partner, der, deutlich kleiner und schon ziemlich korpulent, Mühe hat, Schritt zu halten.

Es ist das Paar, dessen Ankommen ich vor einer halben Stunde durch die hohen Fenster beobachtet hatte. Die beiden, um die vierzig und wahrscheinlich Amerikaner, sind schon halb im Raum, als der Restaurantchef sie einholt und zu dem Tisch rechts von mir begleitet. Kaum sitzen sie, beginnt eine heftige Diskussion. Zwar so leise, dass ich nichts verstehe, aber doch so laut, dass es nichts Angenehmes sein kann. Sie unterbrechen, als der Kellner an ihrem Tisch steht, um die Bestellung zu bestätigen, die sie vorher, vielleicht in der Bar, aufgegeben haben, und jetzt eine passende Flasche Wein dazu empfiehlt. Als er zustimmend zum Kellner nickt, besteht sie, schnell und sehr deutlich, darauf, keine Flasche zu bringen, sondern nur ein Glas davon für jeden. Erst als er nach kurzer Pause, vielleicht eine Nuance zu lang, bestätigend nickt, verlässt der Kellner den Tisch. Kurzes Schweigen, dann spannt sich der mir zugewandte und schöne freie Rücken meiner Nachbarin merklich an, ihr Oberkörper bewegt sich zum Tisch hin, ihrem Kontrahenten entgegen. Noch schweigt er, aber als ihre Worte lauter und schneller werden und sich ihr linker Zeigefinger im Takt der Worte immer schneller auf und ab bewegt, verändert auch er seine Position. Auch er neigt sich jetzt, sichtlich angespannt, ihr entgegen und beide reden inzwischen unkontrolliert aufeinander ein. Jeder ist vertieft in seine eigenen Wortkaskaden, ohne die des anderen zu beachten. Obwohl sie sich dabei angespannt fixieren, reden sie aneinander vorbei und kränken sich dadurch noch zusätzlich.

Als der Kellner mit den Getränken vor dem Tisch steht, kehrt kurz Stille ein. Er hält ihm unwirsch die ausgestreckte rechte Hand entgegen und fordert, sichtlich erregt, die beiden Gläser wieder mitzunehmen und doch eine Flasche des Weins zu bringen. Bleiernes Schweigen legt sich über den Tisch und Feindse-

ligkeit ist zu spüren. Hier kann keiner mehr gewinnen, beide sind sie die Verlierer. Das aggressive Schweigen hält an, bis nach endlos quälenden Minuten der Kellner mit der Flasche Wein zurückkehrt. Als die Gläser auf dem Tisch stehen, die Flasche entkorkt, der Inhalt gekostet und eingeschenkt ist, stellt der Kellner die Flasche in den vorbereiteten Eiskübel neben dem Tisch und geht davon. Als der Amerikaner sein Glas hebt, um seiner Partnerin (vielleicht versöhnlich) zuzuprosten, steht sie eigenartig langsam auf, lässt ihre Serviette mit einer spöttischen Geste der linken Hand auf den Tisch fallen und verlässt eilig den Speisesaal durch die traurig nachschwingende Tür.

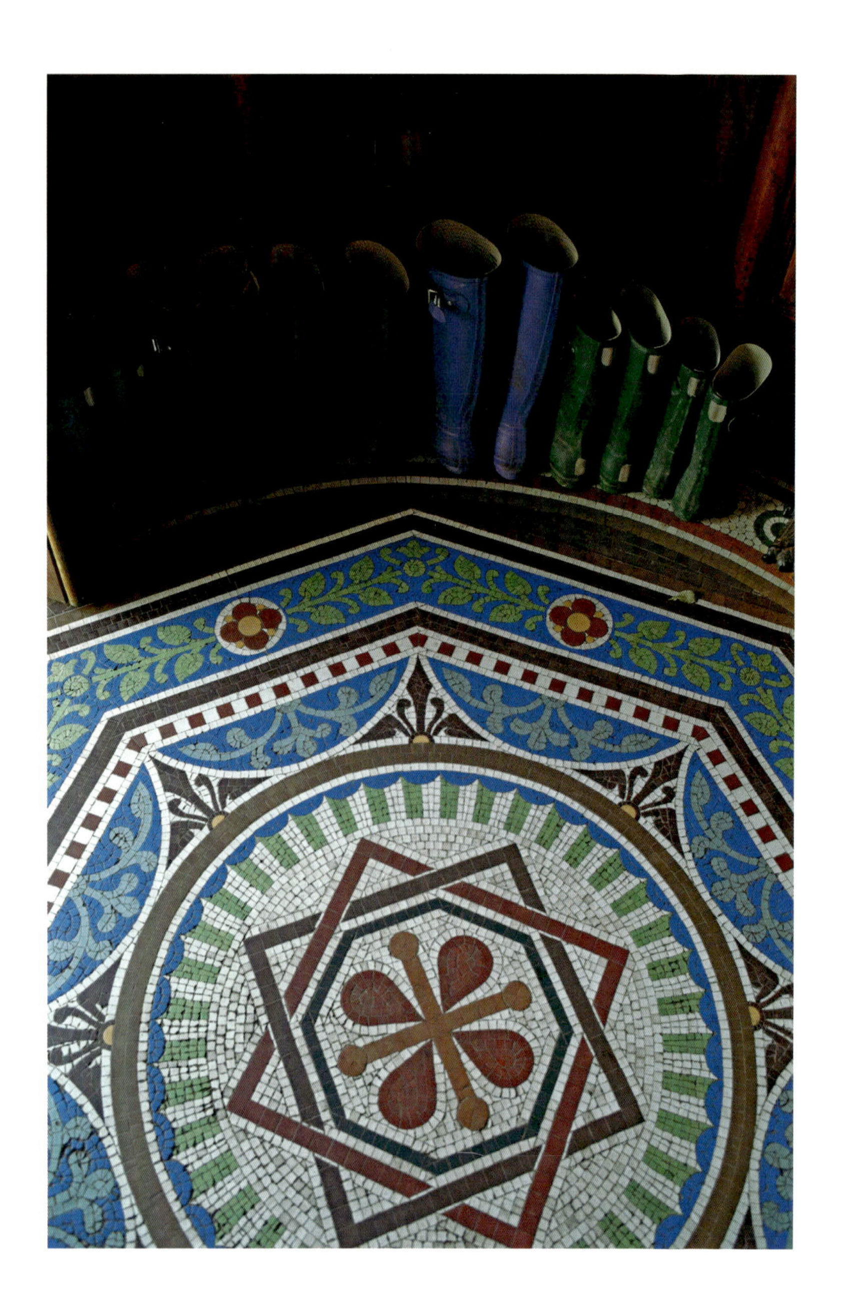

Der Zurückgebliebene führt sein Glas mit dem noch immer ausgestreckten Arm zum Mund und leert es in einem Zug. Dann stellt er es ab und greift, über den zerknüllten Fehdehandschuh hinweg, zum Glas seiner neuen Feindin, das er ebenfalls in einem Zug leert. Anschließend hebt er die tropfende Flasche aus dem Kühler und schenkt sein Glas randvoll, trinkt erneut und lehnt sich schließlich zurück, sitzt ganz still und wirkt erschöpft. Seine Augen starr und ängstlich auf den Tisch gerichtet, grübelt er darüber, was ihm die nächsten Stunden bringen werden.

Ich stehe auf und will den Raum verlassen, ohne zu einem der Tische zu sehen. Aber dann geht mein Blick doch zu dem jungen Paar. Als ich an ihrem Tisch vorbeigehe, lächle ich den beiden zu. Aber sie beachten mich nicht in ihrer innigen Selbstbeschäftigung.

Während ich in der holzgetäfelten Bar noch einen Whisky trinke und die tief stehende Sonne beobachte, denke ich über den großen emotionalen Unterschied zwischen der Distanz des reinen Beobachters, wie ich einer im Speisesaal war, und dem des involvierten Beteiligten in einer Partnerschaft nach; und ich erinnere mich an einige, lange vergangene Situationen, in denen ich selbst unrühmlicher Teil des Geschehens war. Dann kommt mir das Wort von Sokrates in den Sinn: »Heirate oder heirate nicht, du wirst beides bereuen«.

Isle of Skye

Am Morgen, noch kühl aber sonnig und bei glasklarem blauem Himmel, fahre ich den Camper vor den Hoteleingang, um mein kleines Übernachtgepäck einzuladen. Ich erhasche noch einen Blick aus dem Speisesaal heraus. Sehnsüchtig glimmende Männeraugen verabschieden mich. Aber nur ganz kurz, dann wendet er sich ab, hin zu seiner Frau und hört ihr wieder aufmerksam zu.

Ich fahre zum Tor hinaus nach rechts. Die Applecross Halbinsel liegt vor mir. Die winzigen Dörfer auf ihr konnten bis ins frühe 20. Jahrhundert nur mit dem Boot erreicht werden. Heute führt eine Panoramastraße die Nord- und Westküste entlang. Bis Shieldaig ist es nicht weit. Der Ort wurde erst 1800 gegründet, um hier Seeleute für den Krieg gegen Napoleon Bonaparte auszubilden. Als dieser schließlich verbannt war, mutierte der Ort zum Fischereizentrum. Gefischt wird heute immer noch, aber das lang gezogene Straßendorf mit den typischen altmodischen Häuserzeilen zieht vor allem Urlauber, besonders Wanderer, auch von weit her, an und lebt sehr gut damit.

Kurz danach komme ich an eine Weggabelung mit zwei großen Hinweisschildern. Das rote, mit dem Pfeil nach rechts, zeigt die *Low Level Route* an. Das blaue, darüber montierte und deutlich größere, weist darauf hin, dass hier, links, der *Applecross Pass* beginnt und mit zahlreichen Haarnadelkurven und steilen Passagen zu rechnen sei: *Not advised for learners and Caravans*. Das gefällt mir gut und ich folge dem blauen Schild, entlang der A896. Ganz allein unterwegs, mit weitem Blick auf die Halbinsel und das glitzernde Meer, halte ich später auf der Passhöhe (780 Meter) an. Gleich neben mir pausiert eine Gruppe von Motorradfahrern, diesmal aus Italien. Aber je weiter ich nach Norden komme, desto weniger sehe ich von ihnen. Wo sind die vielen Hundert Biker von der Fähre hingefahren? Später erfahre ich, dass es die meisten nach Irland zieht. Nach Schottland nur wenige und auf die Hebriden fast keine.

Durch weites Land geht es dann hinunter bis Kishorn. Und dann sehe ich links an der Straße die *Kishorn Seafood Bar*. Ich habe von ihr gehört und halte an. Eine hellblau gestrichene Holzhütte mit Veranda und Bänken und Tischen. Die Bar ist schon lange eine lokale Institution und inzwischen auch im Internet präsent und mit Belobigungen aus aller Welt bedacht. Zum Mittagessen ist es noch viel zu früh, aber ich gehe trotzdem hinein. Hinter der großen Kühltheke stehen zwei junge kräftige Damen in blendendweißen Schürzen, mit roten Haaren über runden, fröhlichen Gesichtern.

Ich erzähle ihnen, dass ich aus Deutschland komme, von ihnen gehört habe und gerne etwas zu Essen mitnehmen möchte. Sie lachen über mein komisches Schottisch und dann sagt die ältere von beiden freundlich, dass nur verkauft wird, was auch hier gegessen wird. Dabei deutet sie auf ein gleichlautendes Schild an der Wand hinter ihr. Dann lächelt sie mich entwaffnend an und fragt, ob ich das ganze Angebot sehen will. Natürlich will ich und sie winkt mich in einen Nebenraum mit großen Wasserbecken und einer Wand voller raumhoher Kühlfächer. Ich entdecke etwas Neues: die kleinen *Squat Lobster*. Sie sehen aus wie klitzekleine Hummer, nur sieben Zentimeter lang, und mit unproportionierten langen und dünnen Scherarmen versehen. Die Versuchung ist groß, hier zu bleiben, bis um die Mittagszeit der erste Appetit einsetzt. Aber dann treibt es mich doch weiter, obwohl ich genügend Zeit hätte. Knapp zwei Wochen später, auf Jura, treffe ich wieder auf *Squat Lobster*, die ich dort dann natürlich bestellen werde.

Ich fahre weiter, hin zum Loch Carron, um seine Nordspitze herum und weiter südwärts bis Plockton. Hier schlendere ich durch den farbenfrohen Ort, der an einer großen Bucht liegt (38). An winzigen, akkurat gepflegten Blumengärten, die fast bis ans Wasser reichen, vorbei zum kleinen Hafen. Dort setze ich mich auf eine Bank und schaue eine Zeitlang dem ruhigen Treiben der Einheimischen und ihrer Gäste zu. Später gehe ich in einen Laden, der von allem etwas hat und finde, was ich suche. Eine wollene Schlafmütze für die vermutlich kühlen Nächte im Camper.

Jetzt ist es nur noch eine Viertelstunde Fahrt, bis ich das Festland hinter mir lasse und über die gerade einmal 500 Meter lange, elegant und hoch geschwungene Skye Bridge hinüber nach Skye gelange. Die Insel ist die größte der Inneren Hebriden. Geformt aus fünf großen, aneinanderhängenden Halbinseln, mit

zahlreichen tiefen Buchten und Stränden in alle Himmelsrichtungen, ist sie allein für sich schon eine Reise wert (8). In ihren unterschiedlichen Regionen findet man die gesamte Topografie Schottlands wieder. Eine Woche oder auch zwei werden einem hier nicht zu lang. Mit meinem Sohn Ferdinand war ich bei unserer Schottlandreise drei Tage hier und wir wohnten in der wundervollen *Kinloch Lodge* der Familie MacDonald, ganz im Süden.

Die Insel hat einen poetischen gälischen Namen, der sie gut beschreibt: *Die Insel des Nebels im Schatten der großen Berge*.

Auch hier fanden die berüchtigten *Highland Clearances* statt. 7000 Bauernhöfe wurden aufgelöst und 30000 Einwohner mussten ihre Heimat verlassen. Heute leben auf der riesigen Insel gerade noch 9 000 Menschen. Im Jahr 1746 geschah noch ein anderes Ereignis, das jeder Schotte kennt: Der Versuch, in Schottland erneut die Herrschaft der Stuarts zu etablieren, war nach der Schlacht von Culloden am 16. April endgültig gescheitert.

Aber der Thronanwärter Charles Edward Stuart, *Bonnie Prince Charlie*, konnte auf die Äußeren Hebriden fliehen. Dort, auf der Insel Benbecula, wurde er zunächst von der jungen Flora MacDonald versteckt. Trotz der ausgelobten und für damalige Verhältnisse riesengroßen Belohnung von 30 000 Pfund verriet sie ihn nicht. Einige Wochen später wurde der Prinz, als Zofe verkleidet, von Flora und einem Fährmann über das stürmische Meer hierher nach Skye gerudert. Hier blieben sie bis September gemeinsam versteckt. Dann reiste der schöne Abenteurer ab und schaffte es, unbehelligt nach Frankreich zu gelangen. Dort zeugte er eine Tochter und kam irgendwann später wieder zurück in seine Geburtsstadt Rom. Hier lebte er noch 40 Jahre, dem Alkohol verfallen. Flora blieb auf Skye, überlebte ihn um wenige Jahre und liegt auf dem alten Dorffriedhof von Kilmuir, ganz nah bei Dunvegan Castle begraben. Der Prinz dagegen im römischen Petersdom. Noblesse oblige.

Meine Fahrt geht auf der A863 entlang der Westküste nach Norden. Ich halte bei Dunvegan Castle (44). Im 13. Jahrhundert erbaut, war es lange nur vom Wasser aus zu erreichen und von Anfang an Sitz des Clans der MacLeods. Heute wird es vom 30. Oberhaupt des Clans bewohnt. Einige Räume sind zu besichtigen und im Salon auch Kleinodien: hier die verstaubte Brille des Fährmanns Donald MacLeod of Galtrigill, die er in der Eile liegen ließ, als er half, Bonnie Prince Charlie in Sicherheit zu bringen; dort das abgenutzte Nadelkissen der Heroin Flora MacDonald. Im Hintergrund klingt ganz leise das im gesamten englischen Sprachraum bekannte Volkslied *Skye Boat Song* dazu. Und über dem imposanten Kamin hängt die legendäre *Fairy Flag*, die immer noch magische Kräfte besitzen soll. Sie hilft gegen alles Böse, aber hauptsächlich gegen die Erzrivalen der MacLeods, die MacDonalds im Süden der Insel. Wenn man danach in den blühenden Garten hinaustritt, ist man wieder zurück in der Realität und spaziert zwischen blühenden Kirschbäumen, großen Rhododendrenbüschen, fremdartigen Gehölzen und duftenden Gewächsen zurück zum großen, kunstvoll geschmiedeten und weit geöffneten Eisentor.

Ich fahre um Loch Dunvegan herum auf die westlichste der Halbinseln nach Colbost. Noch eine Viertelstunde und ich bin bei *The Three Chimneys* angelangt. Ferdinand und ich wollten schon vor drei Jahren hier zu Mittag essen und lernten, dass man hierfür wochenlang vorher reservieren muss. Das behagt und behagte mir überhaupt nicht, so dass ich es auch vor meiner Abreise in Deutschland nicht tat. Aber gestern Nachmittag, in Torridon, hatte ich es spontan telefonisch versucht, und siehe da, ein einziger Platz war für heute Abend noch frei, am *kitchen table*. Das gefiel mir, denn so konnte ich beim Essen den Köchen zusehen. Also reservierte ich und verzichtete dafür auf einen weiteren Tag in Torridon.

Die Geschichte des *Three Chimneys* begann 1985, als Shirley und Eddie Spear nach Skye zogen und tatkräftig mithalfen, das schottische Küchenwunder zu begründen. Seit einigen Jahren ist das Restaurant, wie auch einige andere, berühmt und ständig ausgebucht von Gästen, die aus der ganzen Welt hierher pilgern und auch in Zukunft für wirtschaftlichen Erfolg sorgen werden. Als ich gegen dreizehn Uhr das gar nicht so große Haus betrat, um meine Reservierung bestätigen zu lassen, blickte ich in die beiden Speiseräume hinein. Sie waren bis auf den letzten Stuhl besetzt und ein vielsprachiges Stimmengewirr schallte mir entgegen. Die etwas gehetzt wirkende Dame am Empfang sagte mir, dass ich mich pünktlich um neunzehn Uhr in der Bar einzufinden habe. Gut, mache ich. Als ich dann frage, ob vielleicht eines der wenigen Zimmer doch frei geworden sei, erhalte ich die genervte und unfreundliche Antwort, dass das niemals geschehe und sie mir auch in der Nähe nichts empfehlen könne. Als ich dann frage, ob ich in meinem Camper am Rand des großen Parkplatzes schlafen kann, schaut sie mich ungläubig an und sagt dann spitz: »No!«. Ist hier eine lange Erfolgsgeschichte an ihrem Zenit angelangt?

Zurück bei meinem Camper, der Ärger ist schon wieder verflogen, greife ich zu meinem Campingführer *Cool Camping Scotland* von Keith Didcock und werde fündig. Fünf Kilometer von hier liegt *Camping Kinloch*, direkt am Loch Dunvegan (34). Dort bekomme ich einen ebenen Platz auf der großen Wiese zugewiesen (11). Ganz nah am Wasser, mit Blick auf die breite Bucht und die winzig kleinen vorgelagerten Inseln. Der Himmel ist wolkenlos. Um mich herum stehen Camper und Wohnwagen bunt verstreut. Dagegen parken einige große Wohnmobile wohlgeordnet ein wenig abseits. Ich freue mich über die sichtlich gute Stimmung auf diesem Platz und entdecke circa 20 Meter vor mir, an der schmalen Kante vor dem Strand, einige kleine, aber auch größere Kugelzelte in knalligen Farben. Neben den Zelten immer ein oder zwei Fahrräder, einmal sogar drei. Ein einsamer Wanderer, der vor kurzem eintraf, zerrt aus seinem riesigen roten Rucksack ein ganz kleines grünes Zelt heraus und baut es schnell und gekonnt auf. Als ich mein elektrisches Aufstelldach ausfahre, blickt er erstaunt herüber, denn das eigenartige Geräusch des motorisierten Aufstellmechanismus scheint er nicht zu kennen. Ich stelle einen meiner beiden Klappstühle vor den Wagen auf die Wiese, setze mich und lasse die sonnenbeschienene Szenerie auf mich wirken: Die Bucht und die hügeligen grünen Wiesen, hin zum Strand. Leichter, warmer Wind trägt den Geruch von Seetang, Jod und Salz, gemischt mit dem Duft frisch gemähten Grases zu mir herüber. Und immer wieder erklingen die Rufe von Schafen und ihren Lämmern. So schön kann Camping in Schottland sein.

Der Nachmittag ist schnell vorbei und als ich um kurz vor sieben gerade losfahren will, kommt der Platzwart, dem ich meine abendliche Abwesenheit beim Ankommen erklärt habe, mit einem nicht zu übersehenden Halteverbotszeichen, das er hinter meinem Camper in die Wiese bohrt. So ist mein Platz also frei, wenn ich zurückkomme. In zehn Minuten bin ich an der Bar des *Three Chimneys* und um halb acht werde ich in die Küche zum *kitchen table* geführt.

Der rechteckige hölzerne Tisch am Rande der großen Küche bietet Platz für sechs Personen. Heute sind wir fünf. Zwei Paare aus Amerika und ich haben freien Blick auf das betriebsame Geschehen der Köche und Gehilfen. Es gibt hier ausschließlich ein festes Menü mit sieben Gängen und auf Wunsch den passenden Wein zu jedem Gang. Wir werden vom jungen Souschef Ian begrüßt und er erklärt uns, dass der Küchenchef Scott Davies leider verhindert sei, da er heute und morgen auf Schloss Balmo-

BY
ALSO THE
WHO DIED 1924

ral für *Her Majesty* zu kochen habe. Falls es eine Ausrede ist, ist es die beste der ganzen Welt. Wir nicken anerkennend und beginnen, uns zu unterhalten. Das ältere Ehepaar, beides Ärzte, stammt aus Boston, das junge, noch unverheiratet, kommt aus Miami. Sie internationales Marketing, er Helikopterpilot der CIA. Ich erzähle, dass ich Reisender mit einem Camper bin, was meine Tischgenossen wohl eher irritiert als interessiert. Nachdem Peri, der finnische Sommelier, die Weinwünsche notiert hat, bringen zwei junge und sehr aufmerksame Frauen aus Polen bereits Brot herbei. Sie amüsieren sich sichtlich, als ich ihnen, nach meiner Frage woher sie kommen, erzähle, dass ich sie für Italienerinnen gehalten habe. Schließlich sind die Weine eingeschenkt und das Essen beginnt. Die Paare aus Amerika erklären sich jeweils ihre bisherige und die weitere Reiseroute und freuen sich, hier, weit weg von zu Hause, Landsleute zu treffen. Mein Reiseziel Äußere Hebriden ist ihnen nicht geläufig, und bei der einsetzenden ausgiebigen Diskussion über reizvolle Orte und Menschen in ihrem Heimatland kann und will ich nicht mitreden. Ich sehe mir lieber das Treiben in der Küche an und beantworte später die wenigen an mich gestellten Fragen (zum Beispiel:»Why do you drive with a bus all the time?«) eher weniger ausführlich. Sieben Gänge sind selbst für mich als gestähltem Gourmet eine Herausforderung, der ich mich eher ungern stelle. Aber ich wollte einfach einmal hier essen und so waren die Regeln einzuhalten. Also sieben Gänge und am Ende ein Fazit. Am *kitchen table* gab es bald schon Auflösungserscheinungen. Die kultivierte Dame aus Boston verschwand, ganz still, nach dem dritten Gang. Ihr Mann erklärte, dass seine Frau kein blutiges Fleisch und schon gar nicht vom Wild vertrage. Nach dem vierten Gang stand schließlich auch er auf, um nach ihr zu sehen und kam nicht mehr zurück. Nach dem fünften Gang verabschiedete sich, herzlich winkend, die junge Dame aus Miami. Ihr Zukünftiger erzählte mir anschließend ungefragt einige Episoden aus seinen geheimen Kommandounternehmen. Als der sechste Gang serviert wurde, winkte er ab und verabschiedete sich ebenfalls. Ich blieb allein am Tisch zurück und aß, nach wie vor sehr interessiert, aber mehr als gesättigt, zu Ende. Beim anschließenden Espresso setzte sich Ian zu mir und wir hatten eine sehr unterhaltsame und lehrreiche Diskussion über die gastronomischen Schätze seiner Heimat, aber auch über die spezifischen Vorlieben der Gäste aus Europa, Amerika und Asien.

Als Fazit der letzten Stunden kann ich festhalten: Hervorragender Service der sehr sympathischen, kompetenten und freundlichen Mitarbeiter, High-End-Preise, die Speisen perfekt zubereitet, aber mit viel Zeitgeistigem drapiert und kombiniert. Hier zwei Häufchen von Gemüse, dort einige farbenfrohe Blümchen und daneben eine grellfarbige Paste mit schwer ergründbarem Geschmack. Wenn man im Restaurant nach persönlichen Vorlieben aus der Karte bestellt, kann man wahrscheinlich mit zwei oder drei Gängen besser entdecken, woraus die Essenz der hier gebotenen Kochkunst wirklich besteht. Aber ich kann und will auch gar nicht Maßstab sein, für den Erfolg dieses weltbekannten Restaurants.

Ganz vorsichtig fuhr ich auf der richtigen Straßenseite zurück zum Campingplatz, fand meinen reservierten Platz und öffnete, leider geräuschvoll, das Aufstelldach. Dann warf ich Kissen und Decke hinauf und kletterte mit Konzentration und einem Zwischentritt auf die Oberkante der Rückenlehne des Fahrersitzes in den ersten Stock, mein komfortables Schlafzimmer. Schnell schlief ich ein.

Harris auf den Äußeren Hebriden

Früher Morgen, es ist bewölkt. Die lichten und gepflegten Sanitärräume sind noch unbesucht. Die angenehm warme Dusche weckt meinen Unternehmungsgeist. Zusammengepackt ist schnell. Bezahlt hatte ich bereits gestern beim Ankommen, dafür halte ich beim Verlassen des Geländes kurz am Pförtnerhäuschen und deponiere das Parkverbotsschild vor der noch verschlossenen Bürotür. Durch das offene Tor fahre ich hinauf zur Straße und dort östlich, in Richtung der Inselhauptstadt Portree. Nach einer knappen halben Stunde Fahrt, entlang einsamer Straßen und quer über die Insel, erreiche ich sie. Durch neue Stadtteile hindurch fahre ich bis zum alten Zentrum. Zu dieser Tageszeit ist parken noch kein Problem. Ich steige aus und blicke hinunter zum alten Hafen. An seinem steinernen und windgeschützten Pier, entlang der Bucht, am Fuße eines steilen Felsens, erstreckt sich die lange, farbenfrohe Häuserzeile ehemaliger kleiner Fischerhäuser. Überragt wird die Szenerie von einer imposanten, steinernen, graubraunen und turmlosen Kirche, auf halber Höhe des Felsens. Die meisten der weiß, rosa, hellblau, pistazientönig und gelb gestrichenen Häuser sind heute Restaurants, Pensionen und kleine Hotels (52). Aber es gibt anscheinend doch noch das eine oder andere Domizil, in dem tatsächlich Fischer leben. Und am äußeren Ende der Mole, gleich dort, wo die zahlreichen Fischerboote liegen, entdecke ich sogar ein Geschäft, das jetzt bereits den Fang der letzten Nacht anbietet.

Oberhalb des Hafens, zurück im Zentrum, finde ich das Café *Arriba*, das seit acht Uhr geöffnet hat und bereits gut besucht ist. Ich sitze alleine an dem uralten und großen hölzernen Kapitänstisch in der Mitte des warmen Raumes und bestelle mein Frühstück. Omelette mit Räucherlachs und starkem Assamtee. Die kleinen Tische um mich herum sind mit Touristen besetzt, einige studieren Reiseführer, andere lesen Zeitung, die meisten aber blicken auf ihre Handys und durch das hauseigene WLAN sind sie mit der ganzen Welt verbunden.

Anschließend spaziere ich noch einige Zeit durch den Ort, kaufe Reiseproviant und fahre, bestens gelaunt, die zwanzig Kilometer zum Fährhafen Uig im Nordwesten. Ja, es zieht mich wieder einmal weiter. Andere würden noch zwei Tage bleiben. Aber ich will noch heute hinüber zu den Äußeren Hebriden.

Uig, eher unscheinbar und stark zersiedelt, liegt unterhalb eines hohen Gebirgskammes friedlich an der weiten, gleichnamigen Bucht (57). Der Ortskern, am lange ins Meer hinausragenden Fähranleger, ist jetzt um elf Uhr schon ziemlich belebt. Reisebusse warten auf ihre Passagiere, die durch den Ort wandern, sich die Zeit vertreiben und einkaufen. In der großen Wartezone für die Fähre stehen bereits Fahrzeuge in Schlange. Ich parke hinter zwei Campern aus Holland. Als ich zum Bürogebäude der Fährgesellschaft *Caledonian MacBryne* gehe, beginnt es zu regnen. Beim Eintreten sehe ich den vollbesetzten Warteraum. Etwas Aufregung hat sich bei den Wartenden breitgemacht, denn der WLAN-Router ist ausgefallen.

Ich kaufe mein Ticket und gehe lieber wieder zurück an die frische Luft, schlendere im Nieselregen zum Hauptplatz. Dort gibt es zwei kleine Restaurants, die gut besucht sind. Dahinter einen altmodisch anmutenden Campingplatz (54) und daneben eine Bushaltestelle. Auf der anderen Seite des Platzes befindet sich ein rotes Gebäude, Menschen gehen ein und aus, einige von ihnen ziemlich bepackt. Sie haben dort, im ansehnlichen Verkaufsraum der einzigen Brauerei von Skye, flüssigen Reiseproviant gekauft. Gebraut wird in einem hohen Gebäude, das sich dahinter anschließt. Von einem Lehrerstammtisch 1992 aus bierseliger Laune heraus gegründet, hat die *Isle of Skye Brewing Co* inzwischen eine beträchtliche Größe und Kultstatus erreicht. Aktuell werden acht Sorten Craft Beer gebraut und erfolgreich überall in Schottland verkauft.

Die Fähre legt um vierzehn Uhr ab, nordwestlich, Richtung Tarbert an der Ostküste von Harris. Die See ist ruhig, aber Nieselregen und Dunst begleiten die Überfahrt. Ich nähere mich meinem Wunschziel, weit draußen im Atlantik.

Warum mache ich das so gerne, reisen mit dem Auto? Ich denke an Jack Kerouac und seine Freunde, an ihre unruhige Wanderschaft durch das Amerika der frühen Sechzigerjahre als Ausdruck eines damals modernen Lebensgefühls der *beatnik gene-*

ration, verwoben mit dem jugendlichen Ideal von Freiheit und Unabhängigkeit. Aus Kerouacs Buch *Unterwegs* strömt die Lebensfreude, unterwegs zu sein, mobil, aktiv und ständig neugierig, regelrecht heraus: »Nichts hinter mir, alles vor mir, wie das auf der Straße immer ist. Ich streckte den Kopf aus dem Fenster und sog die durchschwängerte Luft tief in die Lungen. Es waren die schönsten Augenblicke von allen. Und immer erwartet man eine Art Zauber am Ende der Straße.«

Die Suche nach dem Zauber am Ende der Straße ist meine eigene, unruhige, mobile Wanderschaft.

Nach eineinhalb Stunden erreichen wir den kleinen Fährhafen Tarbert. Es regnet nicht mehr und der grauverhangene Himmel klart langsam auf, als sich die riesige Luke des Fährschiffs hinab auf die Mole öffnet und Passagiere und Fahrzeuge entlässt.

Ich bin angekommen auf den Western Isles: Sechzig Kilometer westlich der schottischen Küste, am Rande Europas, erstrecken sie sich 200 Kilometer von Nord nach Süd. 65 große und kleine Inseln, von denen 15 bewohnt sind, mit gerade einmal 27 000 Menschen, die fast alle noch das archaisch klingende Hochlandgälisch sprechen. Plinius der Ältere hat uns zur Zeitenwende die ersten Berichte über den Archipel hinterlassen. In seiner *Naturalis Historia* erwähnt er bereits 30 Inseln. Sie liegen unter dem Einfluss fast ständiger, feuchter, kühler und starker Westwinde. Dennoch herrscht durch die Ausläufer des Golfstroms mildes Klima mit ausgeglichenen Temperaturen.

Tarbert schmiegt sich an die knapp einen Kilometer schmale Landenge zwischen South Harris und North Harris. Aber Harris ist keine eigenständige Insel, sondern der südliche Teil der Insel Lewis and Harris. Sie wurde wegen ihrer unwegsamen und trennenden Gebirgslandschaft von den Bewohnern mit zwei unterschiedlichen Namen bedacht. Die meisten Einwohner leben in Lewis, der nördlichen Inselregion. Harris dagegen ist dünn besiedelt, es gibt nur wenige Ortschaften oder Häuseransammlungen entlang der Küste.

Ich verlasse Tarbert, zunächst südlich und dann nach Westen, hin zur Küste und nach einer halben Stunde erreiche ich das *Scarista House* von Tim und Patricia Martin (48). Das denkmalgeschützte Haus war früher Wohn- und Gästehaus des Pfarrers der

einsam nebenan liegenden Kirche und dem dazugehörigen uralten Friedhof. Heute strahlt dieses kleine und individuelle Hotel herzliche Gastfreundschaft aus. Bevor ich hineingehe, drehe ich mich hin zum Meer und habe einen atemberaubenden Blick auf den beeindruckendsten Strand vor azurblauem Wasser, den ich jemals gesehen habe. Und hier, auf der Inselwestseite, bei der Halbinsel Luskentyre soll es noch einige mehr davon geben und manche sagen sogar, es seien die schönsten Strände Schottlands überhaupt.

Sie grenzen direkt an die küstennahen *machairs*, eine äußerst fruchtbare Mischung aus Muschelsand und torfhaltigem

Weideland. Ganz anders die Ostküste, eine einzige schroffe, von den Eiszeiten geprägte Fels- und Moorlandschaft. Allerdings ebenfalls sehr sehenswert.

Ich betrete das weiße, altmodische Haus und fühle mich sofort wohl. Die Gästezimmer haben keine Schlüssel, es gibt keine Fernsehgeräte, der Handyempfang ist miserabel und WLAN ist nur manchmal vorhanden. Dafür lockt ein gemütlicher Aufenthaltsraum mit knisterndem Kamin und bequemen Sitzgelegenheiten und gut gefüllten Bücherregalen an der Wand, die neugierig machen. Die eigentliche Bibliothek befindet sich im ersten Stock und wird von einem riesigen Kater auf einem der beiden Fensterbretter beherrscht. Als ich mich später dort auf das Sofa setze und in einem Bildband über Kreta blättere, kommt er langsam herüber und lässt sich hinter mir, auf dem hohen Sofarand, an genau der richtigen Stelle nieder, um mir als wärmende Nackenstütze zu dienen. Nach einiger Zeit bricht sein Schnurren abrupt ab und sogleich ertönt ein Gong aus dem Erdgeschoss. Es ist halb acht und das rituelle Abendprogramm beginnt. Ich steige die enge Treppe hinab und gehe nach rechts, in den Salon. Der Kamin wurde neu befüllt und wärmt angenehm. Auf den beiden Sofas, links und rechts davon, sitzen zwei Paare. Ich stelle mich vor und sinke tief in den geblümten Sessel gegenüber des Kamins. Bei Aperitif und altmodischen Canapés kommen wir uns schnell näher. Links von mir ein Ehepaar aus Glasgow, rechts eines aus Bournemouth. Die Frau aus Glasgow erzählt über ihre deutsche Mutter aus Dresden, der Mann aus Bournemouth ist Vogelkundler und hat am Nachmittag seine Vogelstimmensammlung um eine weitere auf mittlerweile erstaunliche achtundsechzig ergänzen können. Er gähnt und seine Frau blickt zu dem Paar auf dem anderen Sofa und sagt: »A hard day's night«. Der Mann aus Glasgow antwortet: »All you need is love, love, love«, dabei lächelt er ihr tiefgründig zu.

Jetzt bin ich an der Reihe und beginne von meiner Reise zu erzählen. Alle vier sind sehr interessiert und geben mir den abschließenden Rat, für übermorgen gut vorzusorgen, denn Sonntage auf den nördlichen Hebriden seien sehr speziell, sehr ruhig und fast alles geschlossen. Dann ertönt wieder der Gong, es ist acht.

Wir erheben uns und verlassen nacheinander den Raum, hinüber zum Speisezimmer auf der anderen Seite des Flurs. Ich gehe als Letzter und alle sehen den Kater die Treppe herunterhuschen und zur Küche abbiegen. Als wir kurz verharren, um ihm nachzublicken, höre ich, wie vor mir der Mann aus Glasgow zu der Dame aus Bournemouth leise sagt: »I want to hold your hand«, worauf sie sich lächelnd umdreht und, ebenso leise, antwortet: »Here comes the sun«. Ein feiner Flirt, aber nur erlebbar, wenn man ein versierter Kenner der Beatles ist.

Patricia, die kleine, resolute und freundliche Wirtin, kocht sehr gut und angenehm altmodisch, ganz anders als gestern Abend auf Skye. Gebundene Spinatsuppe, Steinbutt mit ausgelösten Scampi und jungen Kartoffeln. Zuletzt schottischer Käse. Auch Ziegenfrischkäse von der Nachbarin war auf dem Teller. Sehr ungewöhnlich, höre ich später, denn Ziegen vertragen eigentlich die aggressiven Sommermücken nicht. Nach dem Essen gehe ich hinaus in den Garten, schaue zum Meer, die Sonne ist noch nicht untergegangen, und atme die frische salzige Luft tief ein. Nach einiger Zeit steige ich die enge Treppe hinauf zu meinem Zimmer und schlafe tief und fest bis zum nächsten Morgen.

Stornoway, Uig Sands

Als ich nach dem Frühstück vor dem Haus stehe, blicke ich auf sonnenüberflutete tiefgrüne Wiesen mit hundert weißen Schafen. Dahinter flache Dünen bis zum breiten Strand mit zartgelbem Sand und türkisblauem karibischem Wasser, das sich zum Horizont hin zu azurblau verdunkelt. Ich sehe auch einen Teil des 9-Loch-Harris-Golf-Clubs. Das kleine Clubhaus duckt sich tief zwischen zwei hohen Dünen. Das Greenfee von 20 Pfund steckt man dort einfach in einen Blechkasten neben der Eingangstür. Der erste Abschlag zählt garantiert zu den ganz großen Ausblicken der Golfwelt. Bevor ich abfahre, erinnert mich Patricia noch einmal daran, dass mein Zimmer für heute Nacht besetzt ist. Dafür kann ich es morgen wiederhaben und abends, wie an jedem Sonntag üblich, Roastbeef essen. Heute aber will ich Tweed kaufen und deshalb hinauf nach Stornoway fahren. Gleich nach der Abfahrt passiere ich Seilebost, das nächste Strandwunder, eine weite Lagune mit noch karibischerem Farbenspiel. Auf der linken Landzunge findet freies Camping statt. Farbige Zelte, wieder einmal sympathisch und ungeordnet verstreut. Aber auch zwei alte, schöne VW-T1-Campingveteranen, zweifarbig, wie damals in den Fünfzigerjahren. Ich beobachte, wie zwei Schwimmer in Neoprenanzügen aus dem kristallklaren und eiskalten Wasser steigen und tropfend, mit geröteten Gesichtern, über den Strand stapfen. An Tarbert vorbei, geht es durch die endlose, jetzt flacher werdende moorige Landschaft, bis ich nach einer Stunde die Hauptstadt erreiche. Stornoway ist mit seinen 6000 Einwohnern die größte Stadt der Äußeren Hebriden, hat einen Flugplatz und sein Hafen ist die wichtigste Fährverbindung zum Festland. An Wochenenden sind hier deutlich mehr Menschen, denn von Freitag bis Sonntag kommen von überall junge Insulaner hierher, um Party zu machen. Jetzt, am Samstag, ist es wahrscheinlich deshalb noch sehr ruhig. Die Stadt erwacht erst später. Aber der Harris-Tweed-Shop in der North Beach Road ist schnell gefunden und hat jetzt, kurz nach zehn, auch schon geöffnet.

Die hiesige, seit Jahrzehnten darniederliegende traditionelle Wollverarbeitung erlebte vor einigen Jahren eine Renaissance, die Stoffe wurden leichter und modischer, farbenfroher und eleganter. Seitdem erobert der neue *Harris Tweed* erneut die Welt und scheint diesmal auch bei jüngeren Käufern beliebt zu sein.

Ich hatte gestern gelesen, dass es auf Harris noch 800 Weber gibt, die Stoffe in den unglaublichsten Farbkombinationen fertigen, pro Tag nicht mehr als einen knappen Meter. Die alten Webstöcke, auf denen sie arbeiten, werden seit vierzig Jahren nicht mehr gebaut, weshalb es immer schwieriger wird, passende Ersatzteile zu finden. Die extensive schottische Schafzucht

Harris Tweed
THE
HARRIS TWEED
AUTHORITY
CERTIFICATION
TRADE MARK
HARRIS TWEED
HAND WOVEN IN THE OUTER HEBRIDES

hat sich zumindest hier letztendlich als Segen erwiesen. Ich trete durch die schmale, klingelnde Eingangstür ein und brauche etwas Zeit, um die Vielzahl von Farben und Mustern in den vollen Regalen mental zu verarbeiten und einen ersten Überblick zu bekommen. Zwei freundliche und interessierte Damen werden mich beraten. Nachdem sie erfahren haben, dass ich Stoff für ein oder zwei Jacketts möchte, ziehen sie entschlossen verschiedenste Stoffballen aus den Regalen. Sie scheinen genau zu wissen, was für mich das Richtige ist. Dann sortieren wir gemeinsam auf dem breiten Verkaufstisch hin und her, diskutieren, vergleichen und verwerfen, sie räumen weg und holen neue Ballen dazu. Schließlich ist alles entschieden, es wird abgemessen, die Schneiderschere trennt den Stoff von zwei Ballen, der in ein handliches Paket geschnürt wird, ich bezahle das Ganze, erstaunlich günstig, und bin sehr stolz auf meinen Einkauf. Die letzte Stunde war ein wirkliches Erlebnis, weit weg vom Kauf im Internet, an diesem sonnigen Tag im Juni. Gleich wenn ich wieder zu Hause bin, werde ich den mir seit langem bekannten Schneider in München anrufen und einen ersten Termin mit ihm vereinbaren. Er wird sich freuen, denn bei einem Telefonat, vor Beginn meiner Reise, sagte er mir, dass das Verarbeiten von Harris-Tweed für einen Schneider die Königsklasse sei, aber zurzeit leider kaum stattfinde (61).

Durch das kleine Stadtzentrum schlendernd, kaufe ich Obst, Brot und Käse ein und setze mich in ein neu eröffnetes Café, wo es noch ein wenig unkoordiniert zugeht, und bestelle ein Krabbensandwich, das mich aus der großen Kühltheke anlacht. Um mich herum sitzen junge Leute, die nach der letzten langen Nacht angeschlagen wirken, hier in der Partyhochburg der Insel.

Später gehe ich hinüber zum Fährhafen, um im großen Terminalgebäude von *CalMac* die Passagen der nächsten Tage zu reservieren. Nachdem alles erledigt ist, beginne ich, die Insel zu erkunden und werde dabei sicherlich einen angenehmen Schlafplatz für heute Abend finden.

Zunächst geht es südlich und dann nach Westen, durch die flache, einsame Moor- und Heidelandschaft zu den berühmten *Standing Stones of Callanish*.

Wie moderne Skulpturen stehen die bizarren 54 Steine auf einem natürlichen Plateau und wirken im ersten Moment ungeordnet und sehr rätselhaft (65). Ich gehe zwischen den geformten Steinen umher, nur noch zwei andere Besucher sehe ich. Ich streiche über die verwitterten, fast scharfen, seitlichen Kanten des millionenalten Gneises und bleibe immer wieder ehrfürchtig stehen inmitten der Stelen, in deren Zentrum die höchste fast vier Meter misst. In der sie umgebenden, weiten und wilden Landschaft harren die monumentalen Steine in Form eines riesigen keltischen Kreuzes seit Urzeiten in Erwartung einer fernen Zukunft aus.

Ganz unerwartet schlägt das Wetter um. Düsternis macht sich breit, Wind frischt auf und weht geräuschvoll und bedrohlich pfeifend durch den steinernen Wald. Am Himmel tiefhängende rasende Wolken, darunter plötzlicher Nebel, woher auch immer er kommen mag. Es wird eiskalt und der einsetzende starke Regen färbt die Steine bedrohlich schwarz. Es scheint, als wäre die grauenvolle Urzeit nach 4 000 Jahren plötzlich erwacht und hat vor, alles Leben hier zu erdrücken. Fast körperlich ist das alles zu spüren. Ich erschauere und beginne, beklommen, zu taumeln. Plötzlich ein markerschütternder hoher Schrei, gefolgt von einem wütenden Fluch. Ein Mord? Macbeth auch hier?

CUT!

Kein Mord, nur Gerangel unter Geschwistern wegen Süßigkeiten.

Und plötzlich wieder Sonne, kein Regen und Nebel mehr, der Wind verschwindet und die Steine von Callanish stehen weiter, unverrückbar, da und wirken auf einmal wie friedliche Land Art.

Als ich zu meinem Wagen zurückgehe, noch ganz beeindruckt, denke ich über den schnellen Wetterwechsel nach. Kaum schieben sich Wolken vor die pralle Sonne, ändert sich alles: die Farbe der Landschaft und des Meeres, Temperatur, Wind und Gerüche. Man selbst verändert sich auch, hin zu anderer Stimmung und Wahrnehmung. Und nicht lange danach, wenn der starke Wind alle Wolken vertrieben hat, ist es wieder prächtig wie zuvor. Diese schnelle Abfolge sollte ich auf meiner weiteren Reise noch einige Male erleben und sie war immer von sehr großem Reiz.

Nicht weit von hier liegt das Inselchen Great Bernera, sechs Kilometer lang und schmal, vor der Küste. Ich fahre über die klapprige Brücke aus den Fünfzigerjahren hinüber. Hügel, Geröllfelder, Mondlandschaft. Dazu ein Labyrinth kleiner Seen, schließlich hohe scharfe Klippen und winzige Strände. Kein Auto weit und breit. Irgendwann sehe ich ein Wohnmobil inmitten der Landschaft stehen. Später dann Wanderer und eine Gruppe schwitzender und fröhlicher Mountain-Biker. Bei einem Weiler namens Croir (67) mache ich Pause und blicke auf die unbewohnte ganz kleine Nachbarinsel Little Bernera. Hier wird es mir dann doch zu trostlos und ich fahre bald zurück, noch einmal vorbei an den stehenden Steinen und auf einer unbefestigten Piste um den ganz schmalen, tief ins Land geschnittenen Fjord des Loch Roag herum nach Camas Uig, auch *Uig Sands*

genannt (58). Ganz nah bei dieser riesigen, breiten und tiefen Bucht, umgeben von wilder Dünenlandschaft, wurden 1831 in einer kleinen Steinkammer, verborgen unter einer Sandbank, die berühmten Lewis-Schachfiguren gefunden. 78 Figuren, aus Stoßzähnen von Walrossen geschnitzt, die Figur des Königs acht Zentimeter hoch, sind ein herausragendes Zeugnis der norwegischen Besiedelung im 12. Jahrhundert und heute im Britischen Museum in London ausgestellt.

Dann stehe ich am westlichsten Punkt der ausgedehnten weiten Bucht (70). Ganz in der Ferne, auf der anderen, östlichen Seite, dort wo *Uig Sands* sich in einem tiefen flaschenartigen

Einschnitt ins Land hinein verliert, sehe ich schemenhaft den kleinen Ort Crowlista. Wäre das ein Platz zum Frühstücken, morgen Früh?

Ich blicke auf die nahezu unübersehbar große, farbige Blumenwiese, die sich bis hin zum Strand erstreckt. Als ich den Blick senke und damit den Strand und das Meer ausblende, habe ich das Gefühl, auf einer Almwiese in den Alpen zu stehen. Derselbe Farbenrausch des Frühsommers, nur mit einem Höhenunterschied von 2 000 Metern. Angrenzend an das farbige Grün steht ganz ruhig das flache, hellblau leuchtende und glitzernde Wasser. Daraus wachsen flache Sandbänke. Die wechselnde Sonneneinstrahlung durch die vorbeiziehenden Wolkenfetzen lässt sie farblich von dunklem Grau bis hin zu Gelb und Hellbeige leuchten und sie bilden einen herrlichen Kontrast zu dem langsam tiefer werdenden und schließlich weit draußen dunkelblau strahlenden Meer. Hier will ich bleiben und finde bald die Zufahrt zu dem empfohlenen Campingplatz, der sich durch Dünen bis hin zum Meer erstreckt. Aber so weit lenke ich den Camper nicht, sondern parke auf einem breiten sandfreien Rasenstreifen, links vom Weg, gleich nachdem ich durch das offen stehende Tor gefahren war. Ich steige aus und gehe zu dem einzigen Nachbarn, einem kleinen Wohnmobil in dreißig Metern Entfernung. Dort treffe ich einen kochenden Mann und seinen halbwüchsigen Enkel. Sie wohnen in Stornoway und kommen fast jedes Wochenende hierher und haben Fahrräder, Neoprenanzüge, Angeln und ein Kajak dabei. Der Großvater deutet auf den roten Bauernhof, oben auf einem nicht weit entfernten Hügel. Dort könne ich bezahlen.

Als ich am Abend hinauffahre, finde ich neben der Haustür einen großen Kasten aus Metall mit der Aufschrift *2 Pounds per*

car per night! Gerade als ich die beiden Münzen einwerfen will, öffnet sich die Haustür und ein groß gewachsener Mann, der mich aufmerksam fixiert, fragt: »Where are you from?« – »Germany«. Ein Lächeln erscheint auf seinem gebräunten Gesicht und er antwortet in ziemlich flüssigem Deutsch: »Ich war bei der Army in Paderborn-Sennelager. Sehr gute Zeit damals, hübsche Mädchen, Dortmund Fußball und das Englische Pfund war hoch. Wirf' das Geld, wenn du welches hast, in den Kasten da und vergiss nicht, dass du noch zwei Pfundstücke für die warme Dusche unten brauchst.« Dann hebt er den Arm zum Gruß, dreht sich um und die Tür schlägt hinter ihm zu. Ich werfe die Münzen ein und fahre einen Kilometer hinauf auf einen Hügel über der großen Bucht, zur *Auberge Carnish*. Patricia Martin hatte mir empfohlen hier zu essen, und ich rief aus Stornaway an, um zu reservieren. Der Tisch sei möglich, aber alle Zimmer besetzt, war die Antwort. Wieder einmal freue ich mich, mit einem Camper unterwegs zu sein. Und als ich das erwähne, lautet die Antwort, dass ich gerne hinter dem Haus für die Nacht parken könne. Das nenne ich Gastlichkeit, aber trotzdem werde ich unten, in den Dünen, am Meer schlafen.

Ich betrete das moderne und angenehm schlicht gehaltene Haus, werde von einer rothaarigen jungen Frau herzlich begrüßt und im lichten und gut besuchten Restaurant zu meinem Tisch an der großen Fensterfront geführt. Von hier oben wirkt die riesige Bucht mit ihrem unvergleichlichen Farbenspiel noch viel beeindruckender.

Einige Zeit später, nachdem ich bestellt habe, kommt der Hausherr zu mir. Richard Leparoux, halber Kanadier, aber in England geboren, zelebriert hier seine, wie er erklärt, so genannte *Franco-Hebridean-Fusion-Küche*.

Aha, denke ich mir, das klingt verwegen, und ein nicht enden wollender französischer Wortschwall, unterstützt von lebendigen Armbewegungen und der theatralischen Mimik des faltigen Gesichts mit den kleinen stechenden Augen, beeindruckt mich. Abrupt wechselt Leparoux ins Englische und erklärt mir, jetzt deutlich langsamer, seine Kochphilosophie und überreicht mir schließlich die Kopie eines Artikels über ihn in der *New York Herald Tribune* vom letzten Jahr. Dann verbeugt er sich knapp und eilt zurück in die Küche. Nach einer Stunde, ich bin gerade mit dem Dessert fertig geworden und sehr zufrieden mit allem Gegessenen, kommt Leparoux erneut aus der Küche, in der rechten Hand eine halbgefüllte Flasche Champagner und in der linken zwei Gläser, setzt sich zu mir und füllt beide Gläser. Wo ich herkomme, was ich hier vorhabe und wohin ich weiterreise mit dem Camper, denn er war heute Mittag selbst am Telefon. Ich erzähle einiges und mache ihm das Kompliment, dass es sich in Zukunft immer lohne, wieder hierher zu kommen. Da sieht er mich lange an, der Blick blank und fiebrig vom Champagner, und sagt: »Ich schließe im November und gehe weg von hier.« – »Zu wenig Gäste?« – »Nein Familienprobleme. Meine Frau und die Kinder wohnen jetzt dort unten am Strand, in dem blauen Haus. Ich kann nicht jeden Tag zu ihnen hinunterschauen. Das macht mich krank.« Dann schenkt er noch einmal nach, die Flasche ist leer, er nimmt sie und sein Glas und verschwindet wieder in der Küche.

Nachdem ich gezahlt habe und auf dem Weg zum Wagen zur Toilette gehe, sehe ich auf der Tür auf der anderen Seite des Ganges das Schild »Private« prangen. Und daneben an der Wand, an der Garderobe, hängen einige Kinderjacken und darunter stehen kleine farbige Gummistiefel, das Ganze umrahmt von welk

gewordenen Weihnachts- und Osterdekorationen und Familienfotos, deren Ecken sich langsam nach außen wölben. Es sind die traurigen Souvenirs einer gescheiterten Ehe.

Als ich zurück zu meinem Schlafplatz fahre, beginnt es zu regnen. Später liege ich in meinem behaglichen Bett im ersten Stock und lausche. Der Regen fällt ganz leise, kaum hörbar. Ich schlafe ein und träume, wie der Regen lautlos auf die glatte Oberfläche des Meeres trifft, so lautlos, dass er nicht einmal die Fische weckt.

Harris an der Ostküste

Die Nacht am Strand war kalt. Irgendwann schaltete ich die Standheizung an und zog die Mütze aus Plockton tiefer über meinen Kopf. Als ich aufwachte, nach unten stieg und die Vorhänge zurückzog, kamen Licht und Sonne herein und alles begann sich langsam zu erwärmen.

Ich nehme meine Waschutensilien und die zwei Pfundmünzen, die ich gestern noch in die kleine Ablage am Armaturenbrett gelegt hatte, und gehe hinüber zum Sanitärhäuschen. Beim Zurückkommen sehe ich, dass irgendwann heute Nacht ein weiterer Camper ankam und direkt neben mir steht. Später, als ich angezogen bin und mich aufmachen will nach Crowlista zum Frühstück, und um meinen Camper herumgehe, um einzusteigen und das Faltdach einzufahren, grüßt mich mein ebenso wacher Nachbar und deutet auf seinen Kaffeebecher und dann auf mich. Eine gute Idee, wir schütteln uns die Hände und

schon habe auch ich einen Becher mit dampfendem Kaffee und Milch und Zucker in meiner linken Hand. Wir unterhalten uns über unsere Touren. Tim ist Kinderarzt, kommt aus Cardiff in Wales und will auf die Shetland Inseln, aber rechtzeitig zurück sein, um am Referendum für oder gegen den Austritt aus der EU teilnehmen zu können. Er ist sehr skeptisch über den Ausgang, denn er hat gerade ein interessantes Angebot, für zwei Jahre an eine Klinik in Stockholm zu gehen.

Als er mich fragend ansieht, sage ich ihm, dass es aus meiner Sicht sehr unwahrscheinlich ist, dass Großbritannien sich von Europa lossagt, aber er bleibt nachdenklich: »Du bist vom Festland, wir hier sind Insulaner, das ist etwas völlig anderes. Wir fühlen uns nicht als Europäer. In unserer langen Geschichte legten wir immer Wert auf unsere eigene Identität als Inselvolk. Aber die Geschichte zeigt auch, dass, wenn es wieder einmal brenzlig in Europa wurde, wir loyal zum Festland standen. Viele von uns haben nach wie vor Angst vor Europa, befürchten ständig eine Invasion, die, wie auch immer sie aussieht, ihre *splendid isolation* stören könnte«.

Wir sind einer Meinung, dass ein Brexit für die weitere (gemeinsame) europäische Entwicklung sehr schädlich wäre, denn es ist ein Blick zurück und nicht nach vorn. Dann beenden wir dieses beunruhigende Thema und unterhalten uns noch eine Zeit lang über die Vorteile des Reisens mit einem Camper und das Für und Wider des Alleinreisens .

Es ist Sonntag auf Lewis und ich war vorgewarnt worden. Nach der Fahrt um die Bucht herum erreiche ich Crowlista und die Freude auf ein Frühstück verschwindet. Beide Cafés haben am Sonntag geschlossen. Also fahre ich Richtung Tarbert, vielleicht finde ich während der eineinhalbstündigen Strecke etwas. Aber es wird nichts, irgendwann halte ich an und mache mir ein Brot mit Butter und Käse aus der Kühlbox. Um mich herum bleierne Ruhe, keine Autos begegnen mir, alle Busse ruhen in den Depots. Museen, Tankstellen, Cafés und Restaurants bleiben den ganzen Tag geschlossen. Zwei einsame Radfahrer mit Gepäck begegnen mir. Das sind wahrscheinlich Gottlose, Fremde und keine Einheimischen. Später sehe ich Autos. Dichtgedrängt neben einer Kirche. Es ist der Tag des Herrn. Alles andere als beten ist untersagt, denn auf Harris und Lewis nehmen die Gläubigen die reine calvinistische Lehre besonders ernst. Doch hie und da lo-

ckert sich das Dogma bereits etwas. In Tarbert ist das Büro von *Calmac* heute für zweimal eine Stunde geöffnet und der kleine chinesische Imbiss nebenan wird auch ab Mittag in Betrieb sein. Der Kinderspielplatz gegenüber ist hingegen leer und wartet auf seine Stammgäste. Noch vor zehn Jahren waren auch hier die Schaukeln den ganzen Sonntag lang angekettet und das Spielen an den Stränden verboten.

Ich fahre hinüber an die zerklüftete Ostküste von South Harris und dann auf der *Golden Road* nach Süden, durch kleine Dörfer mit meist nur ganz wenigen, eng aneinander gelehnten

Häusern (72). Hier überall wird Tweed gewoben und die Menschen können mittlerweile wieder gut davon leben. Der Name *Golden Road* bezieht sich nicht auf diesen inzwischen wieder lukrativen Erwerbszweig, sondern auf die angeblich horrenden Baukosten der schmalen und gewundenen Straße entlang der Klippen und Buchten. In Ardvey warten zwanzig farbenfrohe Fischerboote darauf, dass es Montag wird und direkt vor mir steckt ein großes Wohnmobil aus Italien zwischen den äußeren Regenrinnen zweier Häuser fest. Aber es geht gut aus, ohne Blessuren für die Häuser, nur ein paar Kratzer am Fahrzeug. Bei der nächsten Ausweiche halten wir an und besehen uns gemeinsam den Schaden. Das Paar aus Siena ist erleichtert, aber beginnt heftig über die weitere Streckenführung zu diskutieren. Ich verabschiede mich, steige wieder ein und zwänge mich vorsichtig vorbei. Dabei freue ich mich über meinen kompakten Camper. Er ist, nicht nur hier, die eindeutig bessere Wahl. Noch eine Stunde spannender Fahrt, dann erreiche ich Rodel und gleich neben der mächtigen Kirche hat ein Café geöffnet und ich bekomme einen großen knusprigen Toast mit Gurke, Tomate und Krabbenfleisch. Ich sitze im Freien an einem der vier runden Tischchen, kein anderer Gast stellt sich ein, und blicke hinüber zu Renish Point, dem südlichsten Punkt von Harris. Es ist angenehm warm, der sanfte Wind umschmeichelt mich, ich ziehe den Anorak aus, bestelle ein Glas Wein und beginne, in den Nachmittag hinein zu träumen. Später geht es weiter nach Leverburgh, wo morgen um zwanzig vor zwölf die Fähre nach North Uist ablegen wird. Irgendwann bin ich zurück an der traumhaften Küste von Scarista. Auf den Salzwiesen weiden auch hier hundert weiße Schafe und weit vorne, am hellen Strand, direkt am Wasser, sehe ich eine Herde tiefbrauner und schwarzer Rinder. Die-

ser Anblick erinnert mich an ihre hellbraunen Verwandten an der spanischen Costa de la Luz. Aber hier, so weit nördlich und in ganz anderem Farbenspiel, ist der Anblick weitaus beeindruckender.

Zurück im *Scarista House* beziehe ich wieder mein Zimmer und sitze anschließend mit Tim, dem Hausherrn, im nach Rosmarin und Thymian duftenden Garten. Als ich ihm von meinen sonntäglichen Eindrücken erzähle, lacht er und antwortet: »Mein Großvater hat immer gesagt, Junge, wenn es dir gut gehen soll, fahre nach Süden zu den Katholiken.« Und dann erklärt er mir, wie sich auf den Hebriden die Glaubensrichtungen abwechseln: Die Presbyterianer, die im 16. Jahrhundert die Reformation einführten, herrschen im Inselnorden. Dann, nach Süden hin, kommen nacheinander die Anglikaner, die Church of England, die Church of Scotland, und dann immer mehr die Katholiken, bis schließlich zur Insel Barra, die kaum noch Protestanten kennt.

Eine halbe Stunde vor dem Dinner haben sich wieder alle Gäste im Kaminzimmer eingefunden. Neu hinzugekommen ist ein junges Paar aus Basel, das morgen genau wie ich nach Uist weiterreist. Der Vogelkundler hat bereits den zweiten Gin Tonic vor sich und ist sichtlich aufgekratzt. Seine Frau erklärt seinen Seelenzustand mit der heutigen Entdeckung zweier neuer und ganz seltener Vogelstimmen. Damit erhöht sich seine Sammlung auf stolze siebzig. Er rangiert damit auf Platz zwei einer mir nicht bekannten Hierarchie britischer Ornithologen. Heute, am Sonntag, war in Oxford natürlich niemand deswegen zu erreichen. So freut er sich schon auf morgen und wir alle erheben unsere Gläser auf sein Wohl. Trotz der ausgelassenen Stimmung bleiben die Beatles mit ihren aufregenden Texten heute, am heiligen Sonntag, gut versperrt im Plattenschrank und bald gehen wir gemeinsam ins Speisezimmer zu Patricias *Sunday Roast*.

Später am Abend spaziere ich nochmal vors Haus und betrachte das spiegelnde Meer und die tiefstehende Sonne darüber. An der halbhohen Gartenmauer aus feinem dunkelgrauem Bruchstein wächst ein großer Mohnblumenstrauch mit fünfzig leuchtendroten Blüten, eingerahmt von wucherndem, blaublühendem und immer noch duftendem Rosmarin (78). Dann wird es halb zwölf, der Himmel ist fast vollständig bedeckt, die Sonnenscheibe taucht ins Meer und es beginnt ganz leicht zu regnen.

North Uist

Gerade als ich mein Gepäck im Camper verstaut habe, hört es auf zu regnen, aber der Himmel ist weiterhin tief verhangen und Nebel und Dunst lehnen sich an die Berghänge hinter mir. Es ist feuchtkalt und ich ziehe einen Pullover aus dem Kleiderfach. Dann noch einmal ins Haus, Patricia hat die Rechnung fertig und Tim kommt aus der Küche und beide schütteln herzlich Hände mit mir. Schließlich überreicht mir Patricia lächelnd noch eine Tüte mit Reiseproviant, die ich in der Kühlbox verstaue. Nach Leverburgh und dem Fähranleger sind es kurze zehn Minuten. Dort kaufe ich im Fährbüro das reservierte Ticket und stehe dann als Erster in der markierten Wartezone (82). Am Horizont erkenne ich bereits die langsam näherkommende Fähre. Sie ist deutlich kleiner als die bisherigen und hat hier auch nicht allzu viel auszuladen und wieder aufzunehmen. Es sind gerade einmal fünf Autos, die jetzt am Morgen

nach North Uist wollen. Auf der Landkarte erscheint mir, nach dem kompakten Harris, North Uist anders, eigenartig zerklüftet und fast wie zerfetzt im Meer liegend.

Wir legen ab und gleiten eine Stunde durch den Sound of Harris mit seinen vielen kleinen und flachen Inselchen bis zum vorgelagerten, ganz kleinen Berneray. Von hier aus führt ein kurzer Fahrdamm hinüber nach North Uist. Dort fahre ich durch das flache Land und denke daran, dass hier, im Norden der Insel, bei Flut mehr als die Hälfte des großen Patchworks aus unzähligen Lochs und weiten Heideflächen unter dem Wasserspiegel verschwindet (80). Gestern hat mir der glücklich beschickerte Vogelkundler nach dem Abendessen über das hier in den Sechzigerjahren geschaffene Vogelschutzgebiet erzählt. Seitdem haben sich fast 200 Vogelarten angesiedelt, von denen etwa 50 hier auch jedes Jahr brüten. Er sprach, wenn ich mich richtig erinnere, von Wachtelkönig, Küstenschwalbe, Basstölpel und Papageientaucher. Seine Frau ergänzte, dass die Insel auch ein Anglerparadies sei. Das aber überhörte der Mann der Vögel demonstrativ, denn Fische sind überhaupt nicht seine Sache.

Ich fahre entlang der Westküste, biege irgendwo rechts ab und erreiche bald den langen weiten Strand von Baleshare (86). Fast alle Wolken sind verschwunden und die Sonne wärmt wieder. Hier will ich den Nachmittag verbringen. Den Pullover verstaue ich im Wagen, platziere Tisch und Stuhl vor den Camper und hole eine Flasche Weißwein mitsamt Patricias Proviantüte aus der Kühlbox. Sie hat es gut mit mir gemeint: zwei Sandwiches mit dünnen saftigen Scheiben des Roastbeefs vom Vorabend und der zarte Ziegenkäse ihrer Nachbarin. Bald ist alles aufgegessen. Ich blicke auf das ganz nahe, ruhige und glitzernde Meer, trinke noch ein Glas Wein und falle in entspanntes, faules Dösen.

Irgendwann wird der Campingstuhl unbequem, ich packe alle Utensilien zurück ins Auto, schließe ab und gehe lange auf dem breiten Strand entlang nach Süden, von der strahlenden Sonne und dem Wein beseelt und fotografiere und suche nach Muscheln und anderem Strandgut als Mitbringsel für zu Hause.

Dann entdecke ich am Horizont den Tower des kleinen Inselflughafens und als ich später zurück beim Camper bin und mir die Landkarte ansehe, erkenne ich, dass der Flughafen sich bereits auf der kleinen Insel Benbecula befindet. Sie hat sich hineingezwängt zwischen Nord und Süd Uist, verbunden mit jeweils einem kurzen Fahrdamm. Ich überlege, ob ich hier übernachten soll, aber trotz der stimulierenden Situation ist es mir doch zu einsam. Kein anderer Camper oder Wohnmobil sind zu sehen und weit und breit keine romantische Strandkneipe, wie ich sie immer wieder in Südeuropa gefunden habe. Also zurück in die Zivilisation, hinauf nach Lochmaddy, dem Hauptort der Insel (85). Hier wirkt alles grau und gesichtslos, aber ich will ja nur eine Nacht bleiben und bekomme im modern gestalteten *Hamersay House Hotel* das letzte freie Zimmer.

Nach dem Abendessen setze ich mich in die Bar und lerne zwei sehr sympathische Schotten kennen. Michael lebt hier in Lochmaddy und Ian, sein bester Freund aus vergangenen Kindertagen, kam gestern mit dem Flugzeug aus Stornoway herunter, um mit ihm in seinen Geburtstag hinein zu feiern. Die mitgebrachte Flasche Whisky war irgendwann zu später Nacht leer, und nach ausgiebiger Ruhe machen die gutgelaunten Freunde jetzt weiter, mit derselben Sorte. Auf dem kleinen Beistelltisch, zwischen ihren Sesseln, steht die neue Flasche, gerade noch halbvoll. Als ich mich an einen Tisch in der Nähe setzen will, winkt Ian mir zu und lädt mich zu ihnen ein. Wir sind wohl in etwa gleich alt und verstehen uns auf der Stelle. Ich erzähle von meiner bisherigen Reise und erfahre von den beiden, dass hier bereits Katholiken leben und deshalb an Sonntagen sogar getanzt wird. Jetzt will ich versuchen, noch etwas zu erfahren. Ich gehe schnell zum Camper und hole den Fotoband von Paul Strand. Michael kennt das Buch und als er darin zu blättern beginnt, erinnert sich auch Ian an den amerikanischen Fotografen, der hier 1954 drei Monate lang mit seiner Kamera über die Insel lief, oder sich in einer Pferdekutsche herumfahren ließ. Wir

blättern gemeinsam und hin und wieder fällt der Name eines der porträtierten Inselbewohner. Dann sind wir auf der letzten Doppelseite angelangt, bei dem Bild, das mich so interessiert und das auch den Umschlag des Buches ziert (92). Und ich frage die beiden Insulaner, wo ich wohl diese weite und zerklüftete Bucht mit dem kleinen schwarzen Haus und den vier Pferden im flachen Wasser finde. Nach eingehender Diskussion deutet Michael auf das schwarze Haus und sagt zu mir: »Kurz vor der großen Brücke nach Eriskay«. Und Ian ergänzt: »Du wirst es finden, zwischen Pollachar und Ludag, aber es steht nicht mehr so einsam dort wie damals. Und die vier Pferde sind Eriskay-Ponys.

Auf Eriskay werden sie heute nicht mehr gezüchtet, sondern auf South Uist, in der Heide zwischen Stilligarry und Lochskipport«. Dann erhebt er sein Glas: »Auf die Pferde von Eriskay«. Und Michael ergänzt: »... und auf Bonnie Prince Charlie«.

Irgendwann ist die Flasche geleert und ich kann mich leider nicht revanchieren, da die beiden aufbrechen müssen, um sich mit ihren Frauen zu treffen. Wir verabschieden uns herzlich und ich freue mich vor dem Einschlafen auf die weitere Reise, hin zu Paul Strands schwarzem Haus und den Ponys von Eriskay.

South Uist und Barra

Als ich gegen neun starte, ist es bereits angenehm warm. Bevor ich losfahre, suche ich in meiner Bücherkiste nach dem Buch von Paul Strand und lege es griffbereit neben mich auf den Beifahrersitz. Dann kann es losgehen, nach Süden, durch die flache, wie schwimmend erscheinende Landschaft. Durch die offenen Seitenfenster weht der warme Sonnenwind herein und aus den Lautsprechern klingt passend Henry Mancinis *Lujon. Das Lied vom heißen Wind*. Weit im Osten sehe ich, über dem dunstigen Meer, die ferne und gebirgige Silhouette von Skye. Trotzdem wirkt sie ganz nahe und bringt mich dazu, über manches bisher Erlebte nachzudenken. Dann taucht auch schon der Damm hinüber nach Benbecula vor mir auf. Ich passiere ihn und nicht weit südlich, als die Fahrt am Inselflughafen vorbeigeht, denke ich an Ian, der hier von Stornoway nach gerade einmal dreißig Minuten Flugzeit ankam. Vom hiesigen Flughafen gibt es, neben Stornoway, tägliche Verbindungen nach Glasgow und Edinburgh. Aber dafür existiert von Benbecula aus keine Fähre zum Festland. Die kleine Insel hat 1300 Einwohner, die von Landwirtschaft leben, und ist genauso flach und im Osten ähnlich zerfranst wie North Uist. Dann kommt wieder ein kurzer Fahrdamm, ich habe die Insel verlassen und bin auf South Uist angelangt.

Sie ist die zweitgrößte Insel der Äußeren Hebriden und erstreckt sich 35 Kilometer weit nach Süden, ist deutlich weniger zerklüftet als North-Uist und hat Gebirgszüge von bis zu 700 Metern Höhe.

Trotz ihrer Größe leben hier nur 1800 Menschen, davon allein 1100 im Hauptort Lochboisdale.

Bedeutung hat der Ort, nach dem Ende des Heringbooms im 19. Jahrhundert, heute nur noch als Fährhafen zum Festland. Hier gibt es gerade mal ein uraltes Hotel, ein Postbüro, eine Polizeistation und ein paar Läden. Dazu eine Handvoll Pubs und eine Kirche. Bleibt man länger auf der Insel, kann man nur hier einkaufen und tanken.

Ich fahre einige Zeit durch einsames und erzkatholisches Gebiet. Hier kam die Reformation nie an. Dann sehe ich an der rechten Straßenseite einen großen alten Gutshof mit mehreren Nebengebäuden, davor ein auffallendes Schild: *Museum, Shop, Café*. Ich halte an und trete in einen hohen und weiten Raum.

Eine freundliche junge Frau mit rotem Haar und rundem, sommersprossigem Gesicht lächelt mich über eine Theke an. Ich bestelle Kaffee und während er aufgebrüht wird, schlendere ich durch den großen Raum und betrachte ein Sammelsurium von alten Dingen und neuen Souvenirs, an den Wänden und in den vollen Regalen. Aber ich finde nichts für meinen Geschmack und gehe zurück zur Theke, auf der schon der dampfende Kaffeebecher auf mich wartet. Dann sehe ich an der Stirnwand alte gerahmte Fotos mit Szenen des damaligen Insellebens und dann auch eines mit Eriskay-Ponys. Ich deute darauf und erzähle meiner Gastgeberin, dass ich gestern gehört habe, dass es sie nur noch hier, irgendwo in der Nähe gebe. Ja, sagt sie, nur noch eine große Herde lebe hier. Nach einigen Kilometern, kurz vor Stilligarry beim *Kinloch House*, solle ich nach links, zum Meer hin abbiegen, dann werde ich sie bestimmt irgendwann sehen. Ich bedanke mich, bezahle und mache mich, sehr gespannt, auf die Suche. Bald sehe ich tatsächlich links das *Kinloch Guesthouse*.

Es ist sicherlich die richtige Empfehlung für diejenigen, die jagen und fischen lieben, inmitten unbeschädigter Natur und großer Einsamkeit. Der Eigentümer kam vor zehn Jahren als Aussteiger hierher, um seinen Hobbys zu frönen und bietet seit einiger Zeit Gästen vier Schlafzimmer und ein abendliches Menu von Selbstgejagtem an.

Ich biege nach Osten ab, entlang dem gewundenen Loch Drudibeag hin zur Küste. Aber wo sind die Ponys? Ich entdecke sie nirgends. Irgendwo müssen sie sein, denn immer wieder sehe ich auf meinem Weg ihre braunen Häufchen und links und rechts der schmalen Straße aufgeschichtete und zerknabberte Strohballen. Dann geht die Straße in einen unbefestigten Weg über und der letzte Kilometer wird zur fahrerischen Herausforderung. Er endet an einem kleinen Wendeplatz, an dem ich parke. Ich schaue zehn Meter hinab zum Loch Skipport, das sich hier, von schmaler Bucht aus, hinaus zum Meer öffnet (95). Es riecht würzig nach Seetang und Salz und ich setze mich auf eine uralte verwitterte Holzbank, neben der eine Steintreppe wenige

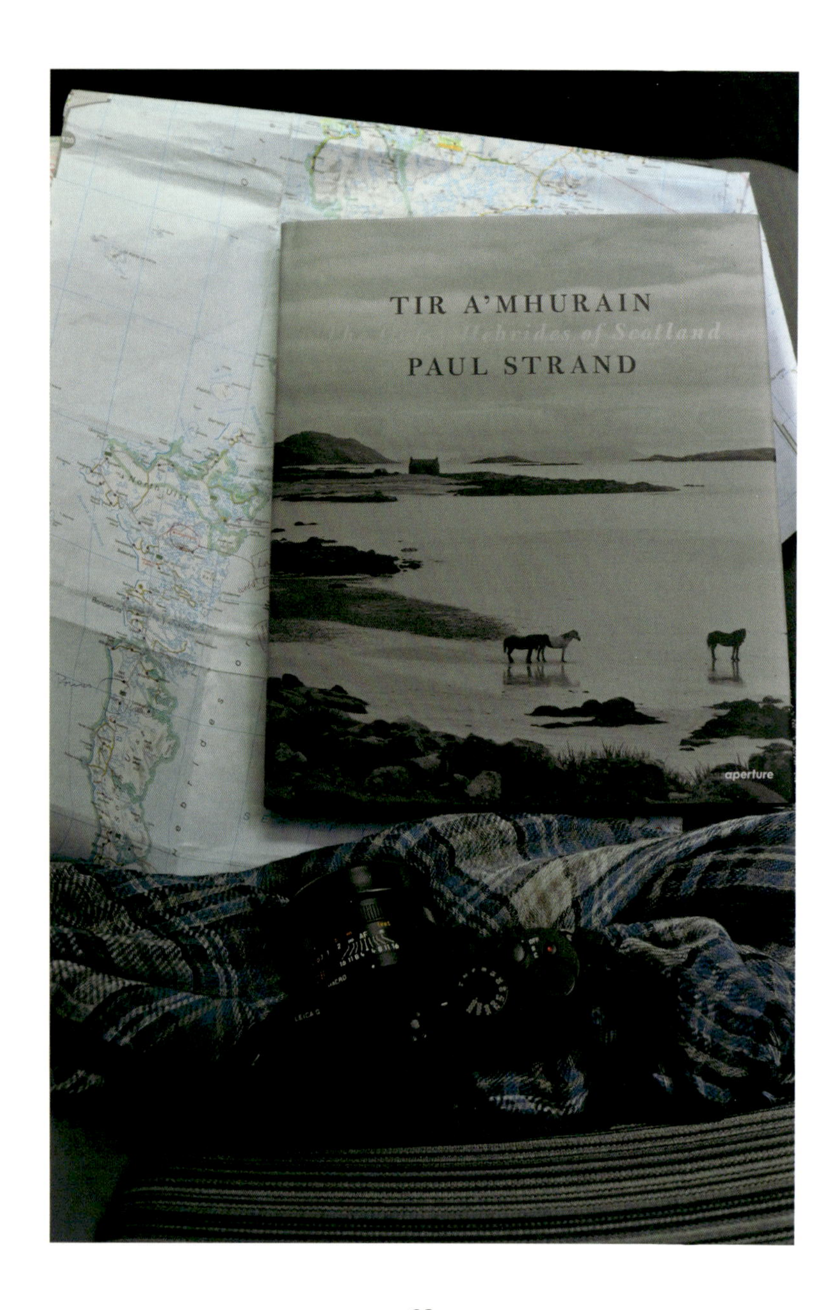
TIR A'MHURAIN
PAUL STRAND
aperture

Stufen hinab zu einem kleinen Bootsanleger führt (88), an dem zwei kleine Boote vertäut sind. Gegenüber der schmalen Bucht stehen drei einsame Häuser inmitten der steinigen Landschaft, die mich an Strands Aufnahme erinnern. Ich scheine meinem Ziel immer näherzukommen und denke daran, was Ian gestern Abend über die Ponys erzählt hat: Sie sind eine uralte Züchtung der Hebriden. Das Fell, meist grau, aber auch vereinzelt schwarz, hat extrem dichtes Haar, ist wasserfest und schützt die Tiere vor den unwirtlichen winterlichen Wetterbedingungen. Sie wurden früher als robuste und gutwillige Arbeitstiere verwendet. Heute werden sie, in zwei verbliebenen reinrassigen Zuchtlinien, nur noch für Zeitvertreib und pferdesportliche Wettbewerbe gezüchtet und sind bei Kindern überaus beliebt.

Als im Februar 1941 das Frachtschiff *SS Politician* auf seinem Weg von Liverpool nach Amerika in dichtem Nebel die kleine Insel Calvay an der Nordspitze von Eriskay rammte und zerschellte, hieß es für die Inselbewohner möglichst viele der geladenen zigtausend Kisten Whisky zu bergen, die ihnen praktisch vor die Haustür geschwemmt wurden. Die Insulaner retteten den größten Teil der Ladung, natürlich mit Hilfe der folgsamen Tiere. Es wird erzählt, dass damals eine Woche lang keiner der erwachsenen Bewohner nüchtern war und das Jahr 1941 für sie »das beste Jahr des Zweiten Weltkriegs« war. Die Ereignisse inspirierten den schottischen Schriftsteller Compton Mackenzie zu einem Roman, der später unter dem Titel *Whisky Galore* auch verfilmt wurde. Noch heute soll es vorkommen, dass Taucher immer wieder mal die eine oder andere untergegangene Flasche finden. Die wenigen, die damals ihren Weg zurück zum Absender des Transports fanden, sind als S*pecial SS Politician Blend* auch heute noch, zu Höchstpreisen, im Handel.

Als ich später zur Hauptstraße zurückkehre, passe ich nochmal ganz genau auf, aber ich sehe die Ponys nicht, sie sind Meister des Versteckens. Wieder auf der Hauptstraße, fahre ich weiter durch die karge Landschaft, zum Inselende hin.

Und dort, kurz vor Ludag, fast wäre ich vorbeigefahren, erblickte ich dann endlich das kleine schwarze Haus auf der Landzunge, aus Paul Strands Buch *Tir A'Mhurain*.

Ich halte an und steige aus, das Buch zwischen meinen Händen. Die Bucht vor mir wirkt unberührt wie damals, aber der flache und freie Strandverlauf wurde durch das Aufhäufen von großen Findlingsblöcken gesichert und zahlreiche neue Häuser und landwirtschaftliche Gebäude haben die Szenerie rund um das Haus stark verändert. Hier ist alles farbig im Gegensatz zum damaligen Schwarz-Weiß. Das Haus wirkt heute, nicht mehr für sich alleinstehend, kleiner und bei weitem nicht mehr so bedeutungsvoll wie inmitten der damaligen grandios einsamen Landschaft. Auch die im flachen Wasser stehenden Ponys sind nicht mehr da. Später, auf Barra, werde ich schließlich doch noch zwei Exemplare dieser Phantome finden. Ich bin sehr froh, dass ich irgendwann einmal das Buch gekauft habe, als ich noch gar nicht ahnte, dass ich einmal hierher fahren und es auf die Reise mitnehmen werde. Ich bleibe einige Zeit hier und vergleiche immer wieder gestern mit heute. Dabei fällt mir das Zitat von René Burri, einem meiner großen fotografischen Vorbilder, ein:

»Aber das Einmalige an der Fotografie ist, dass man einen Moment fixiert, der nie wiederkommt. Bloß: Der Fotograf fixiert nicht nur diesen Moment, sondern auch das Gefühl dahinter, die Idee der Zeit«.

Noch während der Satz in mir nachklingt, wird mir klar, dass es für mich hier nichts zu fotografieren gibt, denn was Paul Strand vor 60 Jahren mit seiner Kamera festgehalten hat, will ich nicht neu interpretieren. Ich werde, wieder zu Hause, sein Bild rahmen lassen, damit mir der konkrete Ort hier sowie die philosophische »Idee der Zeit« immer in Erinnerung bleiben. Ich verstaue meine Kamera wieder und fahre das kurze Stück nach Pollachar zurück, um im dortigen Inn nach einem Zimmer zu fragen. Aber es ist keines mehr frei und so wird nichts aus der Idee, die Umgebung, mit Paul Strands Buch unter dem Arm, bis zum Abend hin zu erkunden. So fahre ich über die nahe, knapp zwei Kilometer lange Brücke hinüber zum kleinen Eriskay und dort weiter zum neuen Fähranleger, der 2002 gemeinsam mit der Brücke eröffnet wurde.

Bis zur Abfahrt der Fähre nach Barra um halb sieben bleibt mir noch reichlich Zeit, aber dann sehe ich eine kurze Warteschlange von Autos, reihe mich ein und entdecke beim Nachblättern in meinem *Summer-Ferry-Timetable* von *Calmac*, dass eine weitere, frühere bereits um halb fünf ablegt.

Vielleicht komme ich ja mit, falls vorher nicht noch zu viele vorreservierte Fahrzeuge eintreffen.

Während ich warte, lese ich in einem Reiseführer, dass die 150 Einwohner von Eriskay heute nicht mehr von der Jagd auf Strandgut, sondern ausschließlich von Fischfang leben, anscheinend sehr erfolgreich.

Später schlendere ich zum Pier und blicke hinüber zum langen Strand, *Charlie's Beach*, mit seinen hohen Dünen (98) und versuche mir vorzustellen, was Michael gestern Abend, nach seinem Toast auf Bonnie Prince Charlie, erzählte. Wie es damals war, als der Fliehende nach der verlorenen Schlacht auf dem Festland hier anlandete und nach Benbecula weiter hastete, wo er dann seine Retterin traf. Zu Fuß waren das gute elf Stunden.

Ich bekomme tatsächlich noch einen Platz auf der kleinen *MV Loch Alainn*, bezahle 2,95 Pfund für mich und 10,25 Pfund für mein Auto und los geht es (100). Die Fähre findet ihren Weg durch den Sound of Barra, vorbei an Fuday und legt nach 40 Minuten im Norden von Barra an. Sie und ihre kleine Nachbarin Vatersay sind die beiden letzten der bewohnten Inseln der Äußeren Hebriden. Weiter nach Süden liegen noch einige wenige Inselchen, die teilweise im Sommer als Schafweiden genutzt werden und noch etwas weiter ist dann bei Barra Head der südlichste Punkt der Western Isles erreicht.

Barra vereint alles, was Schottland und die Hebriden ausmacht. Geprägt wird die Insel von einem zentralen Gebirgsstock mit dem Gipfel des 400 Meter hohen Mount Heaval. Die Küstenbereiche bestehen, wie so oft hier, teils aus zergliederten Felsklippen, teils aus Machairflächen mit vorgelagerten hohen Sanddünen und weiten einladenden Sandstränden. Eine Ringstraße führt in einem großen Kreis entlang der Küste und kleine Weiler säumen ihren Weg. Es gibt kaum Autoverkehr, dafür aber eine Menge Radfahrer. In großen Pulks, aber auch allein oder zu zweit, zu dritt. Das Innere der Insel mit seinen baumlosen Tälern und Torfflächen ist das Reich der vielen Wanderer. Und natürlich gibt es auch einen großen Golfplatz, an der Westküste gelegen. Bald bin ich in Castlebay, dem Hauptort, angelangt. Ein Abzweig von der Hauptstraße mit einigen Geschäften, Cafés und dem Tourismusbüro führt hinunter zum kleinen Hafen, der vom mächtigen Fähranleger dominiert wird. Auf einer vorgelagerten Klippe, kaum 100 Meter vom Hafen, erhebt sich das kantige *Kisimul Castle* aus dem 16. Jahrhundert.

Da der Hafen von Barra, von Irland kommend, der erste sichere Ankerplatz der Hebriden war, errichteten schon die Wikinger auf der felsigen Nadelspitze eine starke Festungsanlage. Vom Meer beschützt und, Wunder der Natur, mit einer reichhaltigen Süßwasserquelle gesegnet, konnte Belagerern sehr lange widerstanden werden. Heute ist die neue Burg aus dem 16. Jahrhundert das berühmte Wahrzeichen der Insel. Oben, im Ort entlang der Hauptstraße, schmiegen sich graue Steinhäuser hangwärts.

Dazwischen, auf einem kleinen Platz, erhebt sich eine große Kirche, imposant mit ihrem tudorhaften Turm und einem programmatischen Namen: *The Lady of the Star oft the Sea*. Nicht weit davon und noch höher am Hang thront das steingraue *Castlebay Hotel*. Ein mächtiger aber reizlos geformter Bau des späten 19. Jahrhunderts. Ich gehe die vielen Stufen hinauf zum Eingang, um mir für heute Abend im Restaurant einen Tisch zu bestellen. Nach einem Zimmer frage ich nicht, denn in meinem Campingführer wird ein Platz, nicht weit entfernt und am Wasser gelegen, empfohlen. Anschließend gehe ich zurück zum Hafen, um im *Calmac* Büro für übermorgen meine Passage zurück zum Festland, nach Oban, zu buchen.

Der Campingplatz bei Borve an der Westküste ist nur fünf Kilometer entfernt. Auf dem Weg dorthin komme ich am lang gezogenen Strand von Tangasdale vorbei und sehe, dass dort tatsächlich gebadet wird. Dann biege ich bei der Einfahrt des Campingplatzes von der Straße ab, steil nach unten bis zu einem weiten Plateau. Zum Strand, durch einige niedrige Dünen hindurch und 30 Meter hinab, ist es nicht weit. Das Meer und die weite Bucht lachen mich an und kaum habe ich angehalten, kommt ein roter Lieferwagen der *British Mail* angefahren und Donald MacLean steigt aus seinem Dienstfahrzeug aus und begrüßt mich freundlich. Er ist der Hausherr hier auf seinem Stück Land und weist mich auf einen freien Platz ein, in der Nähe weiterer Camper. Sie stehen, verstreut und wieder einmal sympathisch ungeordnet, auf der großen Wiese.

Die Wohnmobile dagegen, auf der anderen Seite der Einfahrt, parken wie immer in Reih' und Glied. Als gäbe es auf Europas Campingplätzen eine geheimnisvolle und unsichtbare Trennlinie zwischen Groß und Klein. Gemischtes Parken habe ich nie erlebt. Wieder einmal lasse ich das Dach ausfahren und setze mich vor den Wagen in die warme Sonne und rieche das Meer. Seewind setzt ein, wie meistens am späten Nachmittag. Dann gehe ich zu meinen nächsten Nachbarn hinüber und wir begrüßen uns. Sarah und Chris sind aus Manchester und das Gespräch kommt schnell in Gang, denn wir brauchen uns nicht mit der sonst üblichen Einschätzung des Wetters aufzuhalten, sondern vergleichen gleich unsere Camper, beide in Olympiablau und

mit ähnlichen Innenausstattungen. Gegen sechs ist es Zeit für einen Drink und ich lade die beiden zu einem Glas Glenlivet an meinen Klapptisch ein. Der Wind wird stärker und wir unterhalten uns über unsere Reisen. Die beiden sind vor zwei Tagen von Oban hierhergekommen und wollen in zwei Tagen nach Norden bis Stornoway und dann hinüber zum Festland, wo ich herkam und jetzt hier am westlichsten Punkt meiner Reise angelangt bin. Irgendwann werden wir drei hungrig, die beiden wollen ihren Grill anschüren und ich fahre den kurzen Weg zu meinem reservierten Tisch im *Castlebay Hotel*.

Nachdem ich wieder die hundert Stufen hinauf zum Eingang gestiegen bin, verschnaufe ich kurz und schaue hinunter zum Hafen. Die große Fähre, die morgen früh nach Oban fährt, ist bereits angelangt und wirkt zum Greifen nah. Etwas weiter, links von ihr, die Burg auf ihrem Felssporn. Und weit hinten, über dem Wasser hinweg, erstreckt sich die nördliche der beiden Landzungen von Vatersay, lang und sichelförmig, die Bucht fast vollständig einschließend. Die große Fähre morgen sicher hinauszumanövrieren, bedarf schon einiger Erfahrung.

Der Wind frischt weiter auf, es haben sich Schaumkronen gebildet und die langen, nackten Masten von drei Seglern, die abseits des Hafens vor Anker liegen, beginnen sich hin und her zu bewegen.

Das Essen im großen und vollbesetzten Speisesaal ist recht gut und ich blicke immer wieder durch die raumhohen Fenster zum Hafen, sehe die Burg und die Fähre, beide schwimmend in der glitzernden Bucht, im weichen Licht der Abendsonne. Der Wind frischt weiter auf und pfeift jetzt deutlich vernehmbar durch die Ritzen der alten Fenster in den Speisesaal herein.

Als ich gegen zehn zu meinem Stellplatz in Borve zurückkomme, sehe ich, dass die meisten der Camper bereits ihre Ausstelldächer geschlossen haben. Das will ich aber nicht und parke deshalb auf meiner Parzelle den Wagen mit dem Heck zum Wind, um ihm geringere Angriffsfläche zu bieten. Als ich dann später von den Sanitärräumen zurückkomme, ruft mir Chris, vor seinem Camper stehend, etwas zu. Der Wind pfeift so stark, dass ich nichts verstehe, ich winke ihm zu, schlüpfe in mein Haus auf Rädern und klettere bald hinauf in mein bequemes Schlafzimmer.

TELEPHONE
TELEPHONE

Barra

Irgendwann schrecke ich hoch, es ist Viertel nach zwei und mehr als ungemütlich. Pfeifende Böen und peitschender Regen rütteln an meinem Zuhause. Die Textilbahnen des Aufstelldachs beulen sich besorgniserregend aus und drohen zu zerreißen. Ich werfe Kissen und Bettdecke nach unten, schlüpfe hinterher und beginne das Dach einzufahren. Nach und nach, mit kurzen Pausen, damit nichts zu Schaden kommt. Als es ganz geschlossen ist, ächzt und wackelt der Wagen zwar noch, aber nicht mehr so dramatisch wie vorher.

Ich sinke beruhigt auf die Sitzbank und denke daran, dass ich, um sie zum Bett umzuklappen, zuerst alle Utensilien, die hinter ihr im Fond lagern, wegräumen muss. Das hieße, hinaus in Regen und Sturm, die Sachen ausladen, das Bett bauen und dann die nass gewordenen Dinge wieder in den Wagen, diesmal vor das umgeklappte Bett, laden und mich erst mal wieder trock-

nen. Lieber nicht. Und so kauere ich eben in unterschiedlichsten Positionen, die wärmende, immer wieder wegrutschende Bettdecke ergatternd, einmal die Beine auf dem Küchenblock, dann wieder angezogen und quer auf der Bank, nur dösend, bis gegen sechs Uhr. Da ist, ganz plötzlich, der Sturm vorbei und der Regen wird immer weniger. Ich setze mich auf, müde und gerädert wie bei einem Jetlag und massiere mir den steifen Nacken. Dann öffne ich die Schiebetür, steige vorsichtig hinaus ins Freie und gehe zu dem Sanitärhäuschen, um lange warm zu duschen. Danach geht es mir besser. Während ich einen Espresso aufbrühe, lasse ich das Dach wieder ausfahren, damit der Stoff trocknen kann. Langsam wird es hell, der Himmel ist fast wolkenlos und klar, wie reingewaschen. Der Espresso weckt meine Lebensgeister und die gute Laune kehrt zurück.

Später fahre ich nach Castlebay. Das *Kisimul Café* an der Pier Road öffnet erst um zehn, also wieder hinauf zum *Castlebay Hotel*. Während ich auf mein Frühstück warte, schaue ich durch die großen Fenster hinunter zum Hafen und zu der weitläufigen Bucht. Die Fähre nach Oban hat vor einer halben Stunde abgelegt und sie ist schon weit draußen, südöstlich, kurz vor Muldoanich. Die allerletzten Wolken haben sich verzogen, das Meer hat sich beruhigt und keine Schaumkrone ist mehr zu sehen. Auf den Segelbooten an ihren Bojen war es heute Nacht sicher auch sehr unruhig und wenig komfortabel, aber jetzt werden schon die ersten aufgetakelt, um weiter zu segeln. Die ganze friedliche Szenerie vor mir wird vom morgendlichen Sonnenlicht in pastelligen Farben beleuchtet.

Ein idealer Zeitpunkt zum Start meiner Inseltour. Zunächst geht es nach Vatersay hinüber, über einen Fahrdamm, vorbei an der auf Grund liegenden ehemaligen und ausgedienten Fähre. Dann, auf dem Weg zu den wenigen, aber sehr empfehlenswerten Stränden, komme ich an die Stelle, wo nicht weit von der Straße entfernt die verbogenen, zerbeulten und gebrochenen Aluminium- und verrosteten Eisenteile eines Flugboots aus dem Zweiten Weltkrieg liegen. Es heißt, es habe bei einem Übungsflug, von Oban kommend, bei schlechter Sicht die Orientierung verloren und den gar nicht weit entfernten Flugplatz verpasst. Der Rumpf ist teilweise noch zu erkennen, alles andere liegt wild verstreut und ohne Ordnung inmitten der Heidelandschaft. Es wirkt wie eine der riesigen Skulpturen von Anselm Kiefer.

Vatersay wird von 150 Menschen bewohnt. Es gibt einen kleinen Laden mit Café am Ende des Dammes. Hotel und Pensionen existieren nicht, dafür Gästezimmer in den Häusern der Einheimischen, die sich die Strandurlauber teilen. Nach einer knappen Stunde ist die Insel erkundet und ich fahre zurück nach Barra und auf die Ringstraße, im Uhrzeigersinn herum. Wenn ich an einen Abzweig komme, folge ich ihm auf schmalem und unbefestigtem Weg bis hin zu seinem Ende, irgendwo im Nirgendwo (102). Bei einem dieser Abstecher sehe ich dann doch noch zwei Eriskay-Ponys. Sie stehen auf einer Koppel neben einem Holzschuppen und schauen neugierig zu mir herüber. Ich versuche, sie zu locken, um zu fotografieren. Aber es ist schwierig, sie scheinen sich ein wenig lustig über mich zu machen. Nach einiger Zeit und großer Geduld gelingt mir dann aber doch noch ein Erinnerungsfoto (104).

Gegen Mittag komme ich nach *Tràig Mhòr*, dem *Großen Strand*. Hier befindet sich seit fast hundert Jahren der Inselflughafen, dessen Flugbetrieb auf dem großen und freien Sandstrand nur bei Ebbe stattfinden kann.

Ich blicke über dieses sandige und ungewohnt geformte Flugfeld, über die es umgebenden flachen Dünen, bis hin zum weit entfernten schmalen Streifen des glitzernden Meeres am Horizont.

Ich sehe drei Windsäcke über den Strand verteilt, das kleine Abfertigungsgebäude mit Tower, davor eine Bushaltestelle und einen Taxistand. Mehr braucht man nicht für einen Flughafen. Im Inneren nimmt ein Café den größten Teil des Gebäudes ein. Fünf, sechs Tische mit Stühlen, eine Kühltheke und ein Getränkekühlschrank. Ich bestelle ein großes Stück Apfelkuchen und entdecke ein wichtiges Utensil. Auf dem Kühlschrank, neben einem weißen Keramikkrug mit roten und gelben Nelken, steht, durch einen Acrylglasrahmen gehalten, der offizielle Flugplan (110). Er ist mit einem Filzstift handgeschrieben und auch schon ausgebessert worden, je nachdem, wie sich der Zeitpunkt der Ebbe ändert.

Logan Air bedient die Strecke Glasgow-Barra mit dreizehnsitzigen Twin Otters, in den Farben Schottlands lackiert: Blau mit weißem diagonalem Kreuz (109).

Ich lese, dass letztes Jahr wieder 15 000 Passagiere transportiert wurden und ein guter Teil von ihnen flugbegeistert den jeweils einstündigen Flug gleich hin und zurück bucht und während der kurzen Wartezeit dazwischen den mittlerweile berühmt gewordenen Apfelkuchen genießt.

Wieder im Freien beobachte ich den Abflug um zwei Uhr. Das kleine vollgeladene Flugzeug rollt zum westlichen Ende der Bucht und richtet sich dort je nach herrschender Windrichtung aus. Dann werden die beiden Motoren dröhnend auf Volllast gebracht und als die Bremsen des vibrierenden Flugzeugs gelöst sind, beschleunigt es, freigelassen, rasant auf dem trockenen, betonharten Sand. Nach nur 150 Metern hebt es ab und verschwindet, nach einer weiten aufsteigenden Kurve, zwischen zwei Schönwetterwolken hindurch, in Richtung Glasgow. Ich will verraten, dass ich gestern schon einmal hier war, gleich nach der Ankunft der Fähre und genau rechtzeitig, um eine ebenso spektakuläre Landung mitzuerleben.

Ich trödle, durch Castlebay hindurch, zurück zum Campingplatz und gehe hinunter zum Strand. Barfuß, das ruhige und kalte Wasser bis maximal zu den Knöcheln, spaziere ich lange bis zum Ende der Bucht und wieder zurück. Dort, bei einer Düne, liege ich faul auf meinem Strandtuch in der Sonne, als Chris herunter zu mir kommt und mich zum Grillen einlädt.

Eine Stunde später sitzen wir zu dritt vor dem englischen Camper. Während die Holzkohle langsam zu glühen beginnt, trinken wir Weißwein aus Cornwall und lachen über die Erlebnisse der vergangenen Nacht.

Dann erzählen die beiden von ihrer heutigen Wanderung hinauf zum Ben Heaval. An seiner Ostseite führt ein leicht zu gehender Weg durch weite Felder mit blühenden farbenfrohen Blumen in einer Stunde zum Gipfel. Von hier, auf 400 Metern Höhe, hatten sie eine berauschende Aussicht hinunter nach Castlebay und auf die große fjordartige Meereslandschaft bis hin zum fernen Barra Head. Sarah zeigt mir auf ihrem Handy ein Foto von Chris, wie er dort oben eine weiße steinerne Madonnenstatue umarmt, die ihm gerade bis zum Kinn reicht. Auf ihrer linken Schulter sitzt ihr Kind, in dessen linker Hand ein fünfzackiger Stern. Das nächste Foto zeigt Mutter und Kind von

hinten und man erkennt, dass zum einen die Madonna Barra und die kleinen Inseln im Süden beschützt, zum anderen die Kinderhand mit dem Stern in Richtung der weit entfernten, schemenhaft zu erkennenden Insel Iona deutet. Von dort aus begann die Christianisierung der Hebriden. Ab 600 durch irische Mönche und ab 1200 dann durch Benediktiner.

Als Sarah zum Wagen geht, schenkt Chris uns nach und beginnt, über Symbole und ihre tiefe Bedeutung für uns Menschen zu erzählen. Als er dabei an den ausgestreckten Arm, oben am Berg, erinnert, will auch ich etwas beitragen und erzähle ihm von Castel del Monte, auf dem kargen und einsamen apuli-

SCHEDULED PLANE ARRIVALS
MON 11.30 , 15.05
TUES 11.30 , 13.55
WED 11.30 , 13.15
THUR 11.30 , 13.55
FRI 11.30 , 13.55
SAT 11.00 , 14.45
SUN 12.00
TO ACCESS WIFI:
NETWORK: HIAL
PASSWORD: arqiva
I'd rather
be in Barra

schen Bergkegel gelegen. Das Bauwerk des Staufers Friedrich II. war von ihm auch als Symbol gedacht, denn eine der Achsen des mächtigen Oktagons wurde exakt auf die Sophienkirche ausgerichtet, die gewaltige christlich-lateinische Kuppelbasilika des Kaisers Justinian aus dem sechsten Jahrhundert. Als Friedrichs Kastell 1250, kurz vor seinem Tod, fertiggestellt war, war die ferne Kirche nur noch zehn Jahre katholisch. Dann wurde die Stadt von den Byzantinern zurückerobert, die Kirche orthodox, bis schließlich 1453 die Osmanen die Stadt endgültig besetzten, die Kirche ihrem Glauben anpassten und *Hagia Sofia* nannten. Aber zurück zu Kaiser Friedrich II. Was bedeutete für ihn die symbolische Ausrichtung Castel del Montes? Machtanspruch gegenüber dem Papst, Brücke nach Osten oder prophetisches eigenes Vermächtnis?

Die ausgeuferte Campingplatz-Philosophie wird durch konkrete Dinge schlagartig beendet. Der Wein aus Cornwall wird abgelöst durch Sauvignon aus Neuseeland aus meiner Kühlbox und Sarah legt mit ihren schönen Händen Jakobsmuscheln, Langustinen und Stücke von Seeteufel auf den heißen Rost. Bald ist alles fertig und als ich beim Essen die Kochkunst von Sarah lobe, erklärt sie feierlich, dass sie gebürtige Schottin sei und nur Schotten so kochen könnten. Chris und ich applaudieren, was ihr natürlich sehr gefällt. Und ich gehe nochmal hinüber zu meiner Kühlbox, um eine weitere Flasche Wein zu holen. Das Ergebnis des langen Abends sind nicht nur leere Teller und Gläser, sondern auch die Gewissheit, dass sich Camper in vielerlei Weise gegenseitig helfen und beflügeln können.

Islay, Port Charlotte

Als die große *MV Isle of Harris* um acht Uhr ablegt, ist der Himmel vollständig bedeckt und zwischen tiefhängenden dunklen Wolken und dem noch dunkleren Meer bleibt nur ein schmaler, heller Sichtstreifen. Es frischt merklich auf und die Überfahrt zum Festland wird wohl etwas unruhig werden. Das Schiff ist kaum besetzt und die wenigen Passagiere haben reichlich Platz für die lange Passage. Erst gegen drei viertel eins werden wir in Oban ankommen.

Ich habe meine Windjacke übergezogen und stehe im Freien am Heck und schaue zurück zum sich entfernenden Hafen mit seiner alten Burg. Es beginnt zu regnen, immer kleiner wird Barra und bald ist die Insel nur noch ein winziger farbloser Fels, ohne strahlende Strände, Wiesengrün und das wollene Weiß darauf. Mächtige dunkle Wolkenberge über schwarzer aufgewühlter See, wütender Wind und durchdringende Nässe hüllen das dröhnende und schlingernde Schiff ein.

Eine Szene wie aus Shakespeares *Sturm*. Irgendwann fällt der Vorhang, die Äußeren Hebriden sind verschwunden. Ich verlasse die nasse Brücke, gehe in den großen, warmen Salon und entfalte meine Landkarte. Erst in ungefähr drei Stunden werden wir wieder festes Land erkennen, bei der Einfahrt in den Sound of Mull, zwischen der Isle of Mull und den nördlich davon gelegenen riesigen Landzungen Ardnamurchan und Morvern. Dann erscheint nach einer weiteren halben Stunde an der Backbordseite die schmale Südspitze von Lismore. Von hier, der südlichen Grenze der Highlands, ist es nicht mehr weit zum Etappenziel.

Um eins stehe ich wieder, noch immer innerlich schwankend, auf festem Grund. Kein Regen mehr, sondern viel strahlender Sonnenschein über Oban, dem Zentrum der Schottischen Westküste und ehemals Queen Victorias Lieblingsstadt. Aber ich pausiere nicht, denn ich will heute noch Islay erreichen, eine der drei Südlichen Hebriden und berühmte Whiskyinsel. Die letzte Fähre dorthin geht um sechs, für sie habe ich bereits gebucht, aber vielleicht klappt es auch mit einer früheren. Bis zum Pier von Kennacraig, im Norden der lang gezogenen Halbinsel Kintyre, sind es allerdings 90 Kilometer über kurvenreiche und schmale Straßen. Während ich also südlich fahre, muss ich unweigerlich an Paul McCartney denken. Er hat dort seit vielen Jahren eine große Farm und machte mit seinem Lied die längste Halbinsel Schottlands weltbekannt: »Mull of Kintyre, oh mist rolling in from the sea, my desire is always to be here, oh Mull of Kintyre«.

Es ist angenehm wenig Verkehr und die Fahrt durch gebirgi-

ges Hochland und ausgedehnte Wälder macht Freude. Tatsächlich erreiche ich Kennacraig so zeitig, dass ich meine Buchung tauschen kann und bereits um halb vier abfahre und nach zwei Stunden im Minihafen von Port Askaig, an der Nordostspitze von Islay, von Bord rolle. Kurz vor dem Anlegen schaue ich hinüber zur einsamen Insel Jura, nur fünf Fährminuten, durch eine schmale Meerenge von hier getrennt.

Auf Islay will ich zwei oder drei Nächte bleiben und fand im Guide Michelin das *Port Charlotte Hotel* im gleichnamigen Ort, im Westen der großen Insel (115). Die halbstündige Fahrt dorthin geht durch ein ganz anderes Schottland, als das der Äußeren Hebriden (112). Die Landschaft ist weniger karg, pur und mächtig, eher weicher, verspielter und in den kleinen Dörfern stehen keine einförmig grauen Stein- oder Betonhäuser, sondern weiße Cottages mit den markanten Kaminschornsteinen und den gepflegten und akkurat eingezäunten Vorgärten. Ähnlich lieblich wie in Wester Ross zu Beginn meiner Reise.

Das Hotel ist fabelhaft. Im Führer wird es mit »traditional and personalised« beschrieben. Das trifft zu und die Herzlichkeit der Betreiberfamilie nimmt mich gefangen. Inmitten des langen Straßendorfes mit den klassischen weißgetünchten Häuserzeilen beidseitig der Hauptstraße liegt es nach Osten ausgerichtet mit Blick auf den nahen und mächtigen Meereseinschnitt des Loch Indaal, der tief in die südliche Hälfte der Insel hineingreift (118). Nachdem ich mein Zimmer im Laura-Ashley-Stil bezogen habe, mache ich einen Spaziergang an der Straße entlang durch das Dorf, das erst 1829 gegründet wurde, und setze mich dann auf die sonnige, hölzerne Hotelterrasse, mit Blick auf den nahen Strand. Später erlebe ich dann auch hier das altmodische Ritual mit Aperitif, Canapés und Speisen- und Weinkarte. Ich entscheide mich für das Restaurant, das an einem Ende des Hauses liegt. Am anderen Ende, unter dem gleichen Dach und links vom Hoteleingang, befindet sich das einzige Pub des Dorfes, in dem schon jetzt reichlich Betrieb herrscht.

Sarah, schottische Meisterköchin auf Barras Campingplatz, entschuldige bitte, aber was ich hier serviert bekomme, beeindruckt mich zutiefst. Zunächst gebratene saftige Jakobsmuscheln, deren Corail ganz frisch schmeckt und in der Konsistenz nicht bröckelig und zäh wie so oft ist. Und danach eine sehr große Portion von Langustinen, die eine Hälfte gegrillt, die andere

in Knoblauch-Zitronen-Butter gegart (117). Man scheint mir mein Vergnügen anzusehen, denn der agile junge Kellner Ferenc aus Budapest strahlt mich an und hält dabei die Schwingtür zur Küche auf, damit der japanische Küchenchef Haruki, kopfnickend und lächelnd, zu mir herübergrüßen kann. Das alles ist ein wirklich guter Anfang auf Islay. Nach dem Käse entwickelt sich noch ein Gespräch mit Ferenc, der gut Deutsch spricht. Dann wird er aber sehr ernst, als er mir von seiner Sorge über die Volksabstimmung am 23. Juni erzählt, denn vom Ausgang hängt auch ab, ob er seinen Arbeitsplatz hier verlieren wird. Beruhigen kann ich ihn nicht wirklich mit meiner vernunftgesättigten Meinung, die sich ja schließlich als falsch herausstellen sollte.

Später, beim Zähneputzen in meinem kleinen Bad, entdecke ich einen Zettel, der am Spiegel klebt: »Das bräunliche Leitungswasser ist normal und nicht gesundheitsschädlich. Es entsteht durch den Torf von Islay«.

Wo Torf in dieser Menge wie hier vorkommt, ist Whisky nicht weit. Und deswegen bin ich ja auch hier: »Fuirichibh greiseag is ólaibh slaint' an uisge bheatha – Bleibe eine Zeit und hebe dein Glas auf das Wasser des Lebens«.

THE INNS BY THE LOCH

Islay

Wieder ein herrlicher Morgen. Klarer Himmel und Sonnenschein. Das Meer liegt spiegelglatt und schimmernd da. Ich sitze an meinem Tisch von gestern Abend und links von mir ein männliches Paar aus London, dem Ferenc gerade zwei Portionen Porridge serviert. Ich beobachte, wie sie zuerst Zucker und flüssige Sahne dazugeben und schließlich aus einer bereitstehenden Flasche jeweils einen Schluck Whisky darüber träufeln. Einer der beiden bemerkt mein Erstaunen und sagt zu mir: »Good for the stomach!«.

Ich nicke und antworte: »Good for everything!«. Das bringt die beiden dazu, noch mal die Flasche zu öffnen. Ich will es ihnen nicht gleichtun und entscheide mich für das herausfordernde *Full Scottish Breakfast*: Speck-Würstchen-Blutwurst-Tomate-Bratkartoffeln-Eier nach Wahl. Einmal wenigstens wollte ich es auf meiner Reise bestellen und nachdem ich es bewältigt habe, brauche ich wohl bis heute Abend keinerlei weitere Nahrung.

Ferenc hat mir, beim Gehen, noch kurz Islay erklärt: »1 200 Quadratkilometer, 3 500 Einwohner, 15 000 Rinder und 20 000 Schafe. Außerdem gibt es heute Abend Lammrücken«.

Mit diesem Wissen mache ich mich auf zur Inselerkundung. Gelesen habe ich aber auch schon einiges:

Eine ganz wichtige Einnahmequelle ist, neben der Landwirtschaft, die Whiskyproduktion und der damit verknüpfte Tourismus. Islay ist als eigenständige Whiskyregion klassifiziert und von ehemals dreißig Brennereien sind heute noch acht in Betrieb.

Ich fahre südlich bis Portnahaven und dann entlang der Westküste, durch Moor- und Heidelandschaften, nach Norden und erlebe allerhand: jagende Delfine im Süden, später immer wieder Reiter, die in Gruppen unterwegs sind, beim Weiler Ardnave die trutzige alte Bruchsteinkirche, deren Holzdach irgendwann abbrannte und nicht wieder ersetzt wurde (123), Badegäste an der nahe gelegenen Machir Bay und noch weiter nördlich einige kleine Boote mit einsamen Anglern auf dem Loch Gorm.

Am nördlichsten Punkt der Insel finde ich am Ende der Straße einen gerade noch befahrbaren Abzweig hinunter zum langen Sandstrand, mit Blick auf die vorgelagerten Klippen und dem klitzekleinen Nave Island. Ich bin der einzige Gast hier, packe Tisch und Stuhl aus, genieße barfuß die Mittagsstunden. Leichter warmer Wind, die Sonne im Zenit, am Horizont ein Band flacher strahlendweißer Hochdruckwolken, das träge, sich ständig wiederholende Kommen und Gehen des flachen Meeres, die mich umgebenden intensiven Gerüche und leisen Geräusche und Töne lassen mich schläfrig werden.

Am späten Nachmittag fahre ich zum Hauptort Bowmore und kaufe einige Mitbringsel und auch Brot, Käse und Fleischpastete, denn die Kühlbox ist fast leer. Danach schaue ich mir den winzigen Hafen neben dem markanten Gebäude der *Bowmore Destille* (120) an und gehe dann, entlang der ansteigenden Hauptstraße, hinauf bis zur *Round Church*. Sie steht sehr eindrucksvoll hier oben und beschützt die kleine Stadt unter ihr.

Die weiße runde Kirche mit ihrem spitzen Dach aus grauen Schieferplatten ist inmitten einer Wiese errichtet, auf der einzelne, nach allen Seiten sich neigende, uralte Grabsteine ohne Ordnung stehen. Die Kirche gibt es seit 1769 und sie wurde ohne Ecken gebaut, damit sich der Teufel nicht in ihnen verstecken könne.

Eine ungewöhnliche Anekdote. Ich denke an das italienische Sprichwort, dass viele Geschichten, wenn sie denn nicht wahr sind, zumindest doch schön sind, also gut klingen.

Das Schottische Frühstück hat wirklich den ganzen Tag vorgehalten, aber zurück im Hotel, wieder auf der sonnigen Terrasse, rühren sich dann doch meine Magennerven. Ferenc bringt mir einen *T and T* und gibt seine Empfehlungen für das Abendessen. So sitze ich eine halbe Stunde später an meinem Tisch und bestelle einen Krebsfleischsalat und Lammrücken mit Gemüse. Dazu serviert er mir seinen Lieblingswein, *Château Minuty Rosé* aus der Provence. Den habe ich schon ewig nicht mehr getrunken und er passt sehr gut zu Harukis Kunststücken.

Nach einer guten Stunde bin ich wohlig gesättigt und da die Flasche noch ein Drittel Inhalt hat, frage ich Ferenc, ob er und Haruki gerne ein Glas hätten. Er meint, dass Haruki nur Guinness trinke, er aber sehr gerne nach Feierabend ein Glas nehme, es sei ja sein Lieblingswein. Also trägt Ferenc ihn, mitsamt dem Eiskübel, vorsichtig hinaus und holt anschließend aus dem Pub Harukis Guinness. Als ich dann durch den Kaminraum mit seinen kleinen farbenfrohen Sofas und den bequemen Sesseln hin zum Ausgang gehe, höre ich durch die offen stehende Pubtür Musik, Gesang und Gelächter und als ich kurz hineinblicke, sehe ich, dass es voll besetzt ist.

Auch im Freien, vor dem Pub, sind alle Stühle an den kleinen runden Tischen auf dem Gehsteig von fröhlichen Gästen belegt. Ich spaziere noch einmal durch den Ort, mache beim Rückweg einen Abstecher zum Strand und schaue hinüber nach Bowmore auf der gegenüberliegenden Seite des Loch Indaal. Deutlich sticht die große weiße Fassade der Destille direkt am Wasser mit ihrem charakteristischen schwarzen Schriftzug heraus. Dabei bekomme ich Lust auf einen Whisky und finde im Pub einen freien Platz an der Bar mit ihrem enormen Whiskyangebot (132). Fast ein wenig ratlos versuche ich mich für eine der hundert Sorten in den Regalen an der Wand hinter der Theke zu entscheiden.

»Probier' den Whisky von Jura, den einfachen, zehnjährigen«, sagt eine weibliche Stimme an meiner rechten Seite. Als ich mich umwende, erblicke ich zwei strahlendblaue Augen inmitten von tausend Sommersprossen.

»Danke, dann bestelle ich am besten zwei davon«.

»Einer ist genug. Für mich nicht«, bekomme ich zur Antwort. Ich probiere und er schmeckt mir, ganz hell in der Farbe und mit deutlichen Tönen von Salz, Honig und Kiefer.

Es beginnt eine angeregte Unterhaltung und später bestelle ich noch einmal. Diesmal zwei Gläser, eines für June und eines für mich.

Islay

Ich habe länger geschlafen und freue mich auf den weiteren Tag hier. Ich habe viel Zeit, denn meine Fähre zurück nach Kennacraig geht erst abends um Viertel vor neun. Nach einem deutlich bescheideneren Frühstück als gestern verabschiede mich von Ferenc und bezahle die erfreulich moderate Rechnung. Dann verstaue ich mein Gepäck und mache mich auf den Weg zu June. Sie hatte mich zu später Stunde für heute zum Mittagessen eingeladen und eine Wegbeschreibung zu ihrem Haus auf eine Papierserviette gekritzelt.

Nach einer Dreiviertelstunde bin ich angelangt und fahre durch ein offen stehendes grünes Eisentor, entlang eines langen Kieswegs, hinunter zu einem zweistöckigen weißen Haus an einer kleinen Bucht. Vor dem Haus, auf einer weißen Holzbank neben der Eingangstür, sitzt June. Als ich an der Parkbucht nicht weit davon parke, erhebt sie sich und kommt mir entgegen. Dann stehen wir uns gegenüber und lächeln beide ein wenig befangen. Aber der Bann ist schnell gebrochen und wir gehen nebeneinander über die dichte satte Wiese zum Haus, setzen uns auf die Bank und blicken zum Meer. Die Mittagssonne taucht die Szenerie in dieses besondere nordische Licht, gleißend ohne zu blenden und alle Farben kräftig spiegelnd.

June sagt: »Setz' dich da vorne an den Tisch, da ist der Blick schöner, ich hole uns was zu trinken«. Wir stehen auf, sie geht ins Haus und ich zu dem kleinen runden dunkelroten Metalltisch mit den drei gleichfarbigen Stühlen. Mein Blick wandert über die Wiese, an deren Rand drei Schafe stehen, hinab zum Meer, jetzt hellblau schimmernd, zwischen grauen, spitzen Felsen und dem gelben Sand am Rande der kleinen Bucht. Über allem die langsam dahinziehenden runden Schönwetterwolken.

Hier finde ich sie endlich wieder, die Sommerwolken meiner Kindheit, als meine Schwester in unserem großen Garten an langen und warmen Sonntagen für uns beide auf ihrer Puppenküche unter der uralten Hängeweide kochte. Dann lagen wir im duftenden Gras unseres kindlichen Paradieses, genossen das Wunder, dass das Gras grün und der Himmel blau ist, und wunderten uns über die Leichtigkeit der ziehenden Wolken. Voller Sehnsucht blickten wir ihnen nach und fragten uns, wohin sie unterwegs sind und was sie alles auf ihrer Reise erleben. Wie unbekümmert und beruhigend das damals für uns war.

Dann ist June zurück und hält ein kleines Silbertablett vor sich. Ich blicke auf schlanke Sandalen und schöne Fesseln. Meine Augen wandern hinauf zu den Knien, dem nicht zu kurzen dunkelgrünen Leinenrock und der altmodisch gestärkten weißen Baumwollbluse. Dann sehe ich ihren langen Hals, das schöne Gesicht mit den Sommersprossen und den strahlenden, flämisch blauen Augen. Zuletzt das kurz geschnittene schwarze Haar, von roten Strähnen durchzogen.

Sie stellt das Tablett mit Gläsern und zwei kleinen Karaffen, die eine mit Wasser, die andere mit honiggelber Flüssigkeit, auf den Tisch: »Jura, zehnjährig, schmeckt auch sehr gut als Aperitif«. Sie schenkt ein und wir stoßen an. Dann geht sie zurück zum Haus, um sich um das Essen zu kümmern. Sie hat Musik eingeschaltet und nach einigen Takten erinnere ich mich: Die dritte Sinfonie von Mendelssohn Bartholdy, die Schottische. Erst dreizehn Jahre nach seiner Schottlandreise vollendete er sie 1842. Sein ständig neidgeplagter Widersacher Richard Wagner lobte ihn dennoch, trotz aller, auch antisemitischer Kritik, einmal als »großen und erstklassigen Landschaftsmaler«. Ja, vieles, was ich auf meiner Reise bisher gesehen habe, höre ich jetzt hier in Mendelssohns Musik.

Die Stunden vergingen schnell. Erst aßen wir gebratene Seezungen und tranken dazu strohgelben Chablis. Ich blickte in Junes Augen und erzählte ihr von den seltenen meerblauen Eidechsen auf den beiden hohen Felsen vor Capri. Und sie berichtete mir von *Robert the Bruce*, dem sagenumwobenen König von Schottland. Als er 1329 starb, verpflichtete er testamentarisch seinen alten Waffengefährten James Douglas, sein Herz zu entnehmen und es beim anstehenden Kreuzzug ins Heilige Land zu bringen, um einen Mord zu sühnen. Doch Douglas kam nur bis Spanien, wo er, in einer Schlacht gegen die Mauren, starb. Roberts Herz wurde gefunden und nach Schottland zurückgebracht, unter dem Hochaltar der *Melrose Abbey* begraben und in das Wappen der Lords of Douglas aufgenommen.

So wechseln sich unsere Geschichten stetig ab, bis die Sonne hinter einem Hügel verschwindet. Es wird kühl und wir gehen ins Haus und setzen uns im Wohnzimmer vor den angefeuerten, großen Kamin.

»Lebst du allein hier?«

»Ich war verheiratet, aber Fred starb vor sieben Jahren, seitdem bin ich allein. Aber ich liebe das Haus und den Garten, die Lage. So bleibe ich hier.«

Dann deutet sie auf das alte, messingfarbene Akkordeon mit den schönen Perlmutteinlagen, das in einer Ecke auf dem Holzboden steht: »Das hat Fred gern gespielt, drüben auf Jura, am Abend nach seinen Angeltouren. Jetzt spielt es manchmal für sich alleine und ich höre es dann oben in meinem Zimmer, wenn ich nicht schlafen kann«.

Als sie in die Küche geht, um Kaffee aufzubrühen, blicke ich zu den Büchern, die auf dem Couchtisch liegen. Das oberste ist gelb und in Deutsch: *Der englische Patient* von Michael Ondaatje.

Als wir unseren Kaffee trinken frage ich: »Du kannst Deutsch?«

»Ja, mein Vater stammt aus Deutschland. Das Buch habe ich sehr gern, auch wegen der Zitate von Herodot«.

»Wollen wir deutsch sprechen?«

»Nein. Deutsch lese ich gerne, aber sprechen mag ich es nicht«.

»Und deine Mutter?«

»Sie ist Sizilianerin. Irgendwann ging sie in ihre Heimat zurück und hat ihre schöne Sprache einfach mitgenommen. So, jetzt weißt du genug von mir!«

Auch ich hatte bisher kaum etwas über mich erzählt. Und sie fragt auch nicht. Wir sitzen nebeneinander auf dem Sofa, ich

nehme das gelbe Buch vom Tisch und wir blättern gemeinsam darin herum und finden Passagen, bei denen Herodot zitiert wird. Der Grieche, 490 vor Christus im heutigen Bodrum geboren, war der Erste überhaupt, der die bis dahin nur mündlich von Generation zu Generation überlieferten Geschichten über Menschen, Kriege und fremde Länder schriftlich festhielt. Die *Historien* sind sein einziges erhaltenes Werk und man begreift ihn dadurch auch als Urvater aller Reiseschriftsteller. So reisen unsere Gedanken gemeinsam einige Zeit dahin und irgendwann legt June neues Holz auf.

Wir sitzen einige Zeit schweigend da und beobachten das Feuer. Dann sagt sie plötzlich:

»Den Whisky von Jura mag ich sehr, aber die Insel ist mir fremd geworden. Trist und düster. Ich will nicht mehr dorthin und du solltest es auch nicht tun.«

Später sind ihre dunklen Gedanken wieder verflogen und wir reden und lachen über Gott und die Welt, nippen am Whisky und knabbern dazu Stilton.

Um Mitternacht gehen wir noch einmal hinaus, unter den intensiv strahlenden, magischen Sternenhimmel, hinunter zum Strand, streifen unsere Schuhe ab und stehen dann barfuß im knöcheltiefen, kühlen und glitzernden, dunklen Wasser. Gerade setzt die Flut ein.

»Herodot schreibt, dass Meer und Wüste wie eineiige Zwillinge sind«, sagt June, »und ich habe Angst vor beiden«. Es ist ganz still, nur das Wasser schlägt sachte an die Felsensporne. Ich denke daran, wie Herodot die erstaunlich vielen und unterschiedlichen Wüstenwinde beschreibt und erwidere:

»Herodot sagt, dass eine Reise in einem Sandsturm zu beginnen, großes Glück ist«. Sie lächelt und wir gehen zurück, den sanften Hang hinauf zur Wiese. Oben angelangt drehen wir uns noch einmal zum Meer und June hebt ihren linken Zeigefinger und spricht, mit gespieltem, theatralischem Ernst, in brüchigem Deutsch:

»Die Wände haben Ohren und unter dem freien Himmel haben die Sterne noch viel größere.«

»Herodot?«

»Nein, mein Vater«.

Lachend gehen wir zum Haus zurück.

ISLE OF JURA DISTILLERY CO LTD
2016
JURA
ISLE OF JURA DISTILLERY CO LTD
2016
JURA
ISLE OF JURA DISTILLERY CO LTD
2016
JURA

Jura

Das Wahrzeichen der Insel sind die drei berühmten Berggipfel der *Paps of Jura*, die über 800 Meter aufragen. Jura ist altnordisch und bedeutet Hirschinsel. Sie ist seit 8 000 Jahren besiedelt und die Wikinger waren über 350 Jahre hier. Heute leben hier 6 000 Hirsche und gerade einmal 180 Menschen. Die Insel hat die Form eines riesigen Faustkeils, 12 Kilometer schmal und 45 Kilometer lang und spitz zulaufend. Die Hauptverbindung ist eine einzige schmale asphaltierte Straße, ›Long Road‹ genannt, die sich vom Fähranleger im Süden, zum Hauptort Craighouse und dann immer nördlich und entlang der Ostküste bis an das einsame Inselende schlängelt. Abseits davon gibt es nur einige Trampelpfade und holprige Schotterpisten, die mit geländegängigen Fahrzeugen mühsam zu befahren sind. Und überall Ödland, Moore, kleine Wälder mit Kiefern und Fichten und dazwischen auch einmal hügelige Wiesen. Zusammen mit den hohen Bergen wirkt die Insel zunächst unnahbar, wild, abweisend und archaisch in sich ruhend. Erst langsam erschließt sich dann ihr ganz eigener, einzigartiger Reiz.«

Ich schlage meinen Reiseführer zu und steige aus. Ich bin in Craighouse, es ist kurz vor elf und ich parke neben dem Fischerhafen.

Der Ortskern wird von der großen Destillerie auf der linken Straßenseite und dem *Jura Hotel* auf der rechten dominiert. Unterhalb des Hotels, hin zur weiten Bucht, liegt eine große gepflegte Wiese mit einigen Zelten am rechten Rand. Es ist zwölf Uhr und da ich schon einmal hier bin, will ich auch die Insel erkunden. Und ich entscheide mich, über Nacht zu bleiben, wenn ich ein Quartier finde. Irgendwo entlang der Long Road will ich nicht einsam campen, sondern lieber den Abend hier, im einzigen Ort, verbringen. Die große Wiese ist nur für Zelte gedacht und der Hotelparkplatz liegt, wenig einladend, neben dem Wirtschaftshof mit seinen Mülleimern. Also gehe ich ins Hotel und bekomme, wieder einmal, das letzte freie Zimmer und fühle mich gut aufgehoben im Haus, denn hier gibt es das einzige Restaurant und das einzige Pub der Insel.

In der Destillerie kaufe ich mir, da mein Reisevorrat zur Neige gegangen ist, eine Flasche *Jura 10 years* für unterwegs, er ist inzwischen mein Favorit und erinnert mich an June, und ich überlege, ob sie nur eine der Chimären war, die mich in meinem bisherigen Leben immer wieder einmal verlaufen ließen.

Der Fischerhafen ist im Grunde nur ein doppelseitiger Anleger, wo jeweils gerade drei kleine Boote Platz finden. Etwas entfernt ist das fünfzehnsitzige Taxiboot angeleint, das auf Bestellung Passagiere und Waren zum Festland nach Tayvallich, im Norden von Kintyre bringt. Davor erstreckt sich die Small Isles Bay, die durch einige kleine und eine größere und lang gezogene vorgelagerte Insel vor Wind geschützt wird. Dort liegen an roten Bojen mehr als zwanzig Segelboote und sehnen sich nach auffrischendem Wind.

Ich fahre aus dem Ort hinaus, vorbei an Häuserzeilen, und sehe dann nur noch vereinzelt Häuser links von mir stehen, im zunächst sanft und dann auch steiler ansteigenden Gelände, hin zu den grauen Bergen. Auch die Straße wird steiler, kurviger und entfernt sich von der Küste hinein ins Land. Bergauf, bergab und wieder hin zum Meer. Als ich anhalte, um die Bucht tief unter mir zu fotografieren, kommen mir, an dieser bisher steilsten Stelle der Straße, zwei vollgepackte Radfahrer langsam von weit unten herauf entgegen und grüßen fröhlich auf ihrem Weg zurück nach Craighouse. Wenig später, wieder auf ebener Strecke, sehe ich rechts einen Schotterweg. An der Einmündung steht ein hölzerner Wegweiser mit der Aufschrift *Barnhill*. Irgendwo dahinten versteckt steht das Bauernhaus, in dem George Orwell lebte, nachdem er nach dem Tod seiner Frau 1947 London verlassen und hierher gezogen war und ein Jahr später seinen erschütternd visionären Roman *1984* vollendete.

Die beklemmende Schilderung der Vernichtung jeglicher persönlicher Freiheit bringt mich dazu, nicht abzubiegen, sondern weiterzufahren. Nach einiger Zeit komme ich wieder zur Küste und sehe dort am Meer eine einsame Herde tiefbrauner Rinder zwischen Salzwiesen und Klippen nach Nahrung suchen. Keine Menschen begegnen mir, nur Natur umgibt mich. Dann geht es wieder hinauf und ich bin auf einem hoch gelegenen

Plateau angelangt. Links steigt die Böschung steil an und ganz oben am Hang steht eine kilometerweite, tiefgestaffelte Reihe ehemals hoher, jetzt abgeknickter Fichten. Windbruch vor vielen Monaten, wenn nicht Jahren, keine Äste mit grünen Nadeln mehr, nur kahle und nackte Stämme, von der Sonne zu hellem Grau gebleicht. Zu ihren Füßen, als lieblicher Kontrast, tausende von hoch geschossenen lilafarbig strahlenden Lupinen.

Dann, schon ganz weit im Norden (141), quere ich einen ansehnlichen Fluss über eine rostige Eisenbrücke und passiere wenig später die links und rechts der Straße stehenden Wirtschaftshäuser des *Ardfin Estates*.

Das Herrenhaus sehe ich erst, nachdem ich steil zum Meer hinabgefahren war und an einem kleinen Privathafen mit einem hölzernen Ruderboot vor dem steinernen, schiefergedeckten Bootshaus angehalten und zurückgeblickt hatte. Ganz oben, am Ende der ansteigenden Wiesenlandschaft, thront es stattlich, eingefasst von alten knorrigen Eichen. Von dort oben hat man ganz sicher einen wunderbaren Blick über das weite Meer, hinüber nach Kintyre.

Schließlich führt mich mein Weg durch dichten Wald und wieder hinaus auf freie Fläche, durch drei Viehgatter hindurch bis zu einem letzten Gehöft, *Kinuachdrachd* genannt. Ein weißes Haus und zwei Scheunen, aus Bruchsteinen wie das Bootshaus vorhin. Dann nur noch ein schmaler, steil fallender Pfad. Ich steige aus und folge ihm, nach zehn Minuten sehe ich weit unten am Meer das nördliche Ende von Jura. Wieder einmal bin ich am Ende einer Straße angekommen. Ein langer Blick zum unruhig schäumenden Meer, dann gehe ich zurück zum Auto, drehe um, fahre zurück und denke an Jack Kerouac und seine ewige Suche nach dem Zauber am Ende der Straße und an meine eigene Fahrfreude. Wie lange wird mir das noch Spaß bereiten? Und was finde ich dabei wirklich, außer der eigenen, für andere vielleicht eigenartig wirkenden Freiheit? Ich muss keinen vergrabenen Schatz am Ende des Regenbogens finden, sondern etwas anderes, eher Reales, wie zum Beispiel den Blick aufs Meer am Ende einer Insel. Gleichzeitig verstehe ich Maximilian Schell, der einmal sagte: »Es ist wunderbar, etwas zu suchen, von dem man weiß, es existiert nicht.«.

Ich trödele zurück und auf halber Strecke biege ich rechts ab und quäle mich einen ausgewaschenen und groben Schotterweg hinunter zum Ende des lang gezogenen und hier jetzt ganz schmalen Fjords, der vom mächtigen Küsteneinschnitt des Loch Tarbert bis hierher fast die gesamte Inselbreite durchschneidet. Ich parke auf einer ebenen Wiese und sehe, dass hier eine gute Übernachtungssituation ist. Vielleicht hatten ja hier die beiden Radfahrer gestern ihr Zelt aufgebaut. Dann gehe ich die wenigen Schritte zum Wasser. Dort, neben einer halbverfallenen steinernen Scheune, stehen zwei einsame Pick-Ups. Niemand ist zu sehen, aber im nur noch seichten Wasser entdecke ich zwei Bojen. Es ist Ebbe, deshalb liegen sie eher neben ihren langen Ketten, als dass sie schwimmen. Auf einem aus flachen Bruchsteinen gemauerten Steg, der einen Meter über einem Teppich aus zusammengesunkenem grünbraunem Seegras zu schweben scheint, gehe ich zehn Meter hinaus, dem zurückgezogenen Wasser entgegen, aber erreiche es nicht. Dann sehe ich weit draußen, zum Loch hin und von hier aus ganz winzig, zwei Boote. Es sind die Fischer, aber sie werden erst zurückkehren können, wenn das Wasser wieder ansteigt. Ich bleibe für zwei Stunden hier und als ich zusammenpacke, um weiter zu fahren, kommt das Wasser ganz langsam zurück. Wieder oben auf der Straße angelangt, werfe ich noch einmal einen Blick hinunter und sehe die zurückkommenden Boote mit ihrem hoffentlich reichlichen Fang.

Als ich Craighouse am späten Nachmittag erreiche, geht es dort lebhaft zu. Auf der Hotelwiese sind inzwischen mehr Zelte aufgebaut, in Reih' und Glied sich ordentlich den ersten, am rechten Rand, nach links anschließend. Dass das so zu sein hat, steht auf einem Anschlag neben der Hotelterrasse. Er zeigt auch den Weg zu

den Sanitärräumen und nennt die Preise: *Vier Minuten Duschen, warm, 1 Pfund*. Die Terrasse ist gut besucht und von hier aus sieht man hinüber zum Pier, wo sich jetzt, drei Meter hoch, geflochtene Hummerkörbe (138) stapeln und gerade ein Fischerboot seinen Fang auslädt, der auch gleich hier seine Abnehmer findet.

Zweimal im Jahr wird es auf der Insel richtig eng. Im Mai findet das *Jura Fell Race* statt. Dann kämpfen sich 300 Teilnehmer 28 Kilometer weit über sieben Berge mit insgesamt 2 370 Höhenmetern. In diesem Jahr schaffte es der Sieger in nicht einmal drei Stunden und bekam vor der Destillerie, bei donnerndem Applaus, einen doppelten Jura Whisky gereicht, den er in einem Zug zu trinken hatte. Ende September dann das *Jura Music Festival* mit Teilnehmern aus dem gesamten gälischen Raum. Amateure und Profis und deren Nachwuchs ziehen inzwischen Gäste aus allen Kontinenten an.

Am Abend, im Restaurant, gibt es als Tagesempfehlung *Squat Lobsters*, die ich das erste Mal in Applecross bei den beiden sympathischen und resoluten Damen gesehen hatte. Natürlich bestelle ich davon und sie schmecken ganz ausgezeichnet, kräftiger als Langustinen, haben aber nicht deren betörende Süße.

Anschließend gehe ich nach nebenan, ins Pub. Auf dem Weg dorthin schallt mir, durch die offen stehende Tür eines Nebenzimmers, Stimmenchaos entgegen. Gut dreißig Kinder und Jugendliche, wild durcheinander rufend, lachend und gestikulierend, über die gedeckten Tische hinweg. Mit roten Gesichtern und zerzausten Haaren wetteifern sie mit ihren heutigen Segelabenteuern und den taktischen Tricks während der nachmittäglichen Regatta und warten hungrig und durstig auf das Abendessen.

Im vollbesetzten Pub geht es ähnlich überschäumend zu, ein Durcheinander von Insulanern, Campern und den Seglern, die man an ihren Gummistiefeln und den gebräunten Gesichtern erkennt. Es wird viel Bier und Whisky getrunken und einige Gitarrenkästen stehen bereit für spätere Stunden. Ich finde einen Platz an der Bar und bestelle ein Skye-Beer. Dann schweift mein Blick und ich sehe alte Schwarz-Weiß-Fotos voll mit Anglerglück und Hochzeitsfeiern. Die königliche Yacht *Britannia* bei einigen ihrer Besuche, einmal sogar bei Schnee. Und dann Prince Charles in jungen Jahren, inmitten einer Gruppe verwegen blickender Männer in schottischer Tracht. Dabei staune ich über den Kilt des Prinzen, der mit Abstand der kürzeste ist. Später fällt mein Blick auf die kleine Sitzecke gegenüber des Eingangs. Über einer der beiden Bänke hängt ein ungerahmtes, großformatiges Ölgemälde, das die ganze Wand ausfüllt. Es zeigt die Theke und eine Szene ausgelassener Stimmung vergangener Tage. Inmitten der trinkenden und singenden Gäste sitzt ein dunkelhaariger, schlanker Mann in einem roten karierten Kilt und spielt Akkordeon. Das Akkordeon kommt mir bekannt vor und als der kräftig gebaute und rothaarige Barkeeper gerade nicht beschäftigt ist, frage ich:

»Das auf dem Bild, wann war das?«

»Wohl fünfzehn Jahre ist das her.«

»Und der Mann mit dem Akkordeon, ist das vielleicht Fred?«

»Ja, das ist Fred Powell, aber er ist tot, kam beim Fischen um, vor vielen Jahren. Man hat ihn nie gefunden. Manche sagen, er sei bei Sturm und Nebel in den gefährlichen Corryvreckan-Strudel, ganz im Norden, geraten. Aber ich kann es nicht ganz glauben, denn sein Boot wurde unbeschädigt gefunden. Dennoch war die gesamte Ausrüstung verschwunden. Schwimmwesten, Werkzeuge, sogar sämtliche Taue. Und der Fundort war an einer weit entfernten Stelle, ziemlich weit südlich. Das passt nicht zusammen. Alles sehr eigenartig und ich hab' mir deshalb schon einige Male ordentlich den Mund verbrannt.«

»Und die Meerjungfrau mit dem schwarzen Haar?«

»Das ist June Schroder, damals haben sie sich kennen gelernt. Aber seit dem Unglück war sie nicht mehr hier«.

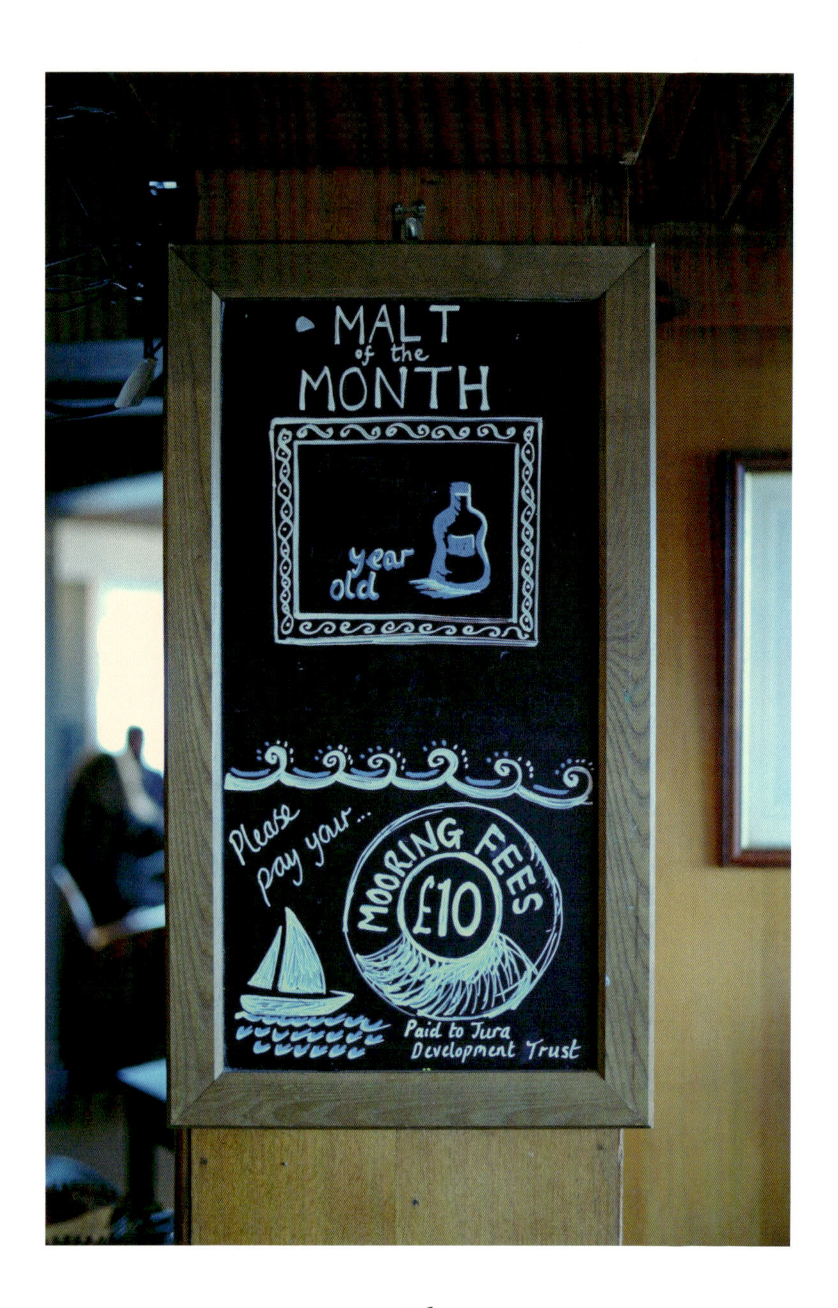
MALT
of the
MONTH
year
old
Please
pay your...
MOORING FEES
£10
Paid to Jura
Development Trust

Ich bin wie erstarrt und da mich der Berkeeper unverwandt anblickt, bestelle ich einen doppelten Whisky.

Dann werden Stühle gerückt, die Gitarren ausgepackt, ein Banjo gestimmt. Ich sehe einige kleine zerfranste Liederbücher auf den Tischen, ein erster Gitarren-Akkord ertönt und dann setzen Musik und Gesang ein. Es wird eine lange Nacht.

Islay

Ich wache mit Kopfschmerzen auf, ziehe die Vorhänge zurück und blicke zum Fenster hinaus. Es nieselt und über der Bucht mit dem ganz still ruhenden Meer liegt Dunst, der zu den Bergen hin in dichten Nebel übergeht. Am Pier sind vier Boote vertäut, das Taxiboot ist schon unterwegs. Es ist kurz vor acht, alles ist ruhig, keinerlei Geräusche, außer dem abfließenden Regen in der Dachrinne neben meinem Fenster. Auf der Wiese mit den farbigen Zelten gibt es noch keine Bewegung und die vielen Segelboote an ihren Bojen liegen still und mit sicherem Abstand zueinander im dunklen Wasser. Wie mag es den Seglern dort auf ihren Schiffen gehen? Haben sie genauso Kopfschmerzen wie ich und sind alle zu später Stunde sicher dorthin zurückgekommen?

Nach einem kurzen Frühstück im leeren Speisesaal fahre ich zurück zum Fähranleger und warte dort auf die Abfahrt um zwanzig vor zehn zurück nach Islay. Die kleine Fähre kommt an und entlässt zwei Autos, einige Fahrradfahrer und eine Gruppe Wanderer. Zurück auf Islay bin ich nach gerade einmal fünf Minuten Fahrt, so nahe liegen die beiden Inseln beieinander. Ich blicke noch einmal hinüber und habe ihn wirklich erlebt, den im Reiseführer beschriebenen »eigenen und einzigartigen Reiz«.

Ich will noch einen Tag auf Islay bleiben und erst morgen meine Rückreise beginnen und so fahre ich in Richtung Port Ellen.

Es ist Sonntag und kaum jemand unterwegs. Der Regen hat aufgehört und die ersten Sonnenstrahlen durchstoßen die sich auflösende Bewölkung. In Port Ellen will ich mein Ticket für die morgige Fähre zum Festland kaufen und auf jeden Fall die beiden Destillerien *Lagavulin* (158) und *Laphroaig* besuchen, die sonntags geöffnet haben. Nach Bowmore biege ich auf eine schnurgerade Straße ab, die eintönig durch endlose Moore führt. Irgendwann passiere ich den Inselflughafen und dann, nach wenigen Minuten, sehe ich rechts ein großes grünes Schild mit weißer Schrift: *Peat Moss Laphroaig*.

Ich halte an der Einmündung neben dem Schild und sehe, weit hinten, am Ende des Feldweges, zwei parkende Autos. Das interessiert mich, denn ich habe gelesen, dass Laphroaig als einziger Malt-Whisky-Hersteller noch eigene Torfflächen bewirtschaftet. Also fahre ich auf dem holprigen Weg bis zu den beiden Pkw. Neben ihnen steht ein uralter Bulldog mit seinem riesigen, seitlichen Schwungrad. Er ist ohne Rost und glänzt wie neu. Aufwändig restauriert, steht er am Beginn der weiten Felder, auf denen wie eh und je Torf für die Whiskyproduktion gestochen und nebenbei den Touristen aus aller Welt gezeigt wird, wie das vor sich geht. Als ich aussteige, sehe ich zwei Männer. Der eine sitzt auf einem Grashügel, der andere steht in einem langen und großen, rechteckig ausgehobenen Graben, eineinhalb Meter tief, inmitten der spärlich bewachsenen Felder. Sie winken mir einladend zu und ich gehe zu ihnen und wir stellen uns gegenseitig vor.

Der auf dem Hügel heißt Bill, der im Graben Sean. Er beginnt zu erklären, aber ich verstehe ihn nicht. Als er es bemerkt, wechselt er ins Schottische und erklärt mir seine drei archaischen Werkzeuge: Zunächst die Mistgabel, dann den breiten Ausstechspaten, ähnlich einem Henkerbeil, mit nach unten gerundeter, scharfer Schneide und eine Art Schaufel, an deren langem Holzgriff ein schmales, längliches Eisen mit aufgebogenen Seitenkanten befestigt ist. Damit werden die mit dem Beil ausgestochenen Torfstreifen zu Rechtecken von circa 50 Zentimeter Länge und einer Kantenbreite von 20 Zentimetern geformt und aus dem tiefen Stechkanal auf die Wiese gehoben. Dort werden sie nebeneinander, mit etwas Abstand zueinander, angeordnet, um langsam zu trocknen (156). Ist das geschehen, werden sie zum Whiskybrennen oder zum Abbrennen im offenen Kamin an den vielen kalten Tagen genutzt.

Sean reicht mir ein bereits getrocknetes Brikett. Ich bösele mit den Fingern daran und befühle die Konsistenz des uralten Bodens. Eine Schicht von zehn Zentimetern Torf bedeutet für seine Entstehung einen Zeitraum von 2 000 Jahren. Als Sean dann auf meine Bitte hin mit seinen martialisch anmutenden Werkzeugen für ein Foto postiert (153), gleicht er mit seiner kräftigen Figur einem mittelalterlichen Henker und mir kommt Heinrich VIII. in den Sinn, der für die Hinrichtung von Anne Boleyn 1536 nicht auf den amtierenden Henker des Towers mit seinem stumpfen Beil zurückgriff, sondern einen Spezialisten aus Frankreich kommen ließ, der für ein fürstliches Honorar mit einem einzigen, präzis geführten Streich seines scharfen Schwerts das Leben der verstoßenen Königin beendete. Ein letzter königlicher Gunstbeweis.

Es ist warm geworden und ich frage, ob ich gut gekühltes deutsches Bier anbieten darf. Sean blickt kurz zu Bill und dieser sagt, in gebrochenem Deutsch: »Sehr gerne«. Also hole ich drei Dosen aus meiner Kühlbox und wir prosten uns, jetzt alle drei auf dem Hügel sitzend, zu. Da Sean kein Deutsch versteht, unterhalten wir uns auf Englisch und ich erzähle, wieder einmal, von meiner Reise. Dann erfahre ich, dass Sean pensionierter Fischer ist und hier aus reiner Freude arbeitet. Für die Touristen, aber auch, um regelmäßig Torf zum Heizen mit nach Hause nehmen zu dürfen.

Bill war Seemann bei der Handelsmarine. Auch er ist pensioniert und besucht seinen Freund immer wieder, um über die alten Zeiten zu sprechen. Als ich mich nach einer kurzweiligen Stunde wieder aufmachen will, sagt Bill zu mir: »Wenn du heute Abend Zeit hast, würde ich dich gerne auf einen Drink einladen und mein Deutsch dabei wieder etwas aufpolieren. Ich war Deutscher, musst du wissen«. Das klingt interessant, ich sage zu und wir verabreden uns für sieben an der Bar des *Islay Hotels* am Hafen von Port Ellen.

Jetzt aber erst einmal zu den Whiskybrennereien. Ich fahre Richtung Port Ellen und biege am Ortseingang rechts ab, um mir vorher den Campingplatz von *Kintra Farm* anzuschauen. Es sind fünfzehn Minuten Fahrt bis zur nahezu runden Halbinsel Oa, im

Westen von Islay. *Kintra Farm* ist ein weitläufiger Farmbetrieb mit einer Anzahl beieinander gruppierter Gebäude, an deren Rand sich der Campingplatz anschließt, der sich mit seiner weiten Fläche durch Dünen bis hinunter zum Meer erstreckt. Die wenigen Camper und Zelte stehen wieder einmal ungeordnet und weit voneinander entfernt inmitten ursprünglich belassener Natur. Hier werde ich meine letzte Campingnacht verbringen, muss aber noch für meine abendliche Verpflegung sorgen. Als ich zurückfahre, komme ich an der Mitte der Achtzigerjahre stillgelegten Destillerie *Port Ellen* vorbei.

Damals herrschte überall in Schottland eine Absatzkrise. Nach Jahren der Konsolidierung, Schließungen und Aufkäufen durch internationale Großkonzerne erlebt Malt Whisky seit zehn Jahren eine großartige Renaissance mit stetig wachsenden Umsätzen weltweit. Die einsame Destillerie hier ist größtenteils abgerissen worden, erhalten geblieben sind allein die beiden imposanten Malzdarren mit ihren roten Pagodendächern. Whisky der Marke *Port Ellen* ist inzwischen Kult und für noch existierende Restbestände werden horrende Preise bezahlt. Eine Flasche kostet, je nach Jahrgang, zwischen 1 000 und 3 000 Euro und in nicht sehr ferner Zukunft ist die letzte Flasche geleert. Im Ort biege ich beim *Islay Hotel* nach links ab, halte vor dem geöffneten Post-Office, um einige Postkarten zu frankieren und einzuwerfen und gehe dann nebenan ins *Seasalt Bistro*, um zwei mächtige Bacon-Sandwiches zu kaufen. Eines für sofort, das andere für heute Abend bei den Dünen. Zu den beiden Destillerien ist es nicht mehr weit, an *Laphroaig* fahre ich zunächst vorbei, hin zu *Lagavulin*.

Dort bin ich am Königshof des Malt Whiskys angelangt. Beeindruckt stehe ich vor den großen, weißen und penibel gepflegten Gebäuden, die von einer ebenfalls weißen halbhohen Mauer mit den großen schwarzen Buchstaben LAGAVULIN eingerahmt werden. Im Shop gibt es alles rund um die Marke zu kaufen. Nicht nur den berühmten Tropfen, sondern auch Weithergeholtes wie Krawatten, Socken, Mützen und so weiter, alles sehr deutlich mit der Marke beschriftet. Die Hauptattraktion aber bleibt natürlich das bernsteinfarbene kräftige Getränk in den schmalen braunen und leicht grünlich schimmernden Flaschen mit dem beigen Etikett. *Lagavulin* ist und bleibt die gefeierte Ikone des Milliardengeschäfts Whisky.

Den Nachmittag verbringe ich auf der Halbinsel, südlich und gegenüber von Port Ellen, am kleinen Strand von *Singing Sands* (148). Gleich nebenan erhebt sich auf einem Felsensporn ein ehemaliger Leuchtturm, das *Carraig Lighthouse*. Über eine filigrane, kurze Fußgängerbrücke kann man vom Strand aus hinübergehen.

An einem ursprünglich allein stehenden und hohen, quadratischen weißen Turm mit wenigen Fenstern wurde später einmal ein kleinerer im selben Stil, aber diagonal versetzt angebaut. Auf dem flachen Dach des größeren von beiden ist ein modernes rotes Rundumlicht montiert. Es hilft während der Nachtstunden oder bei Nebel den ein- und ausfahrenden Schiffen des Hafens von Port Ellen. Es bedarf hier keines Leuchtturmwärters mehr und die Türme dienen inzwischen als illustres Ferienquartier mit wunderbarem Ausblick.

Pünktlich um sieben trete ich in die Bar des *Hotel Islay*. Bill erwartet mich schon und wir stehen nebeneinander am Tresen, inmitten gut gelaunter Gäste.

»Lass' uns Gin trinken, hier auf der Whiskyinsel. Gin and Tonic?«

»Gerne. Und hiermit beginnt der Sprachkurs!«

Bill lacht kurz auf und bestellt. Als wir die gefüllten Gläser in den Händen halten, sagt er auf Deutsch: »Prost!«. Er sieht gut aus mit seinem schlanken Kopf und den vollen grauen Haaren, die bestimmt einmal schwarz waren. So beginnt unsere Unterhaltung und bald erzählt Bill in immer zügiger werdenden und hessisch gefärbten Worten:

»Mein Vater war Deutscher, er kam schon vor dem Krieg nach Edinburgh und heiratete dort meine Mutter. Ich bin 1946 geboren und zu Hause wurde meistens Deutsch gesprochen. Dafür sorgte mein Vater, der an der Universität Deutsche Literatur lehrte, wahrscheinlich aus einer Art Heimweh, und ich sollte mich wohl auch deutsch fühlen. Erst als er gestorben war, änderte sich das dann und ich wurde immer mehr Schotte. Schließlich war ich eingebürgert und habe dabei meinen Namen angepasst. Von Schröder zu Schroder«. Seine melancholischen, blauen Augen fixieren mich: »Ich wollte hinaus in die Welt, alles sehen und viel erleben. Irgendwann kam ich bei der Handelsmarine unter und fuhr über alle Meere. Ein wunderbares Leben war das. Auf Sizilien traf ich eine Frau und heiratete. Dann brachte ich sie hierher, wir bekamen eine Tochter, aber das Heimweh nach Palermo wurde bei ihr immer stärker. Schließlich ging sie dorthin zurück und ich war mit meiner Tochter allein. Meine Mutter zog hierher und kümmerte sich um das Kind, wenn ich unterwegs war. Als sie starb, war das Mädchen fast erwachsen und ich fuhr nur noch einmal im Monat auf dem Postschiff von Kapstadt nach Sankt Helena, um mehr Zeit für sie zu haben.«

»Sankt Helena, die Insel auf der Napoleon starb?«, fragte ich, noch immer seinen Namen im Ohr.

»Genau die. Ich habe mir einige Male das Quartier angeschaut, wo er viele Jahre dahinvegetiert hat. Irgendjemand nannte es einmal passend *Die dunkle Kammer von Longwood.* (Jean-Paul Kauffmann).«

Dann erzählte ich ihm allerhand aus meinem Leben und nach dem zweiten Drink, gerade als mein Magen leise zu knurren begann, sagte Bill, dass er vorsichtshalber einen Tisch zum Abendessen reserviert habe, falls ich noch Zeit und Lust hätte. Er wollte also erst einmal sehen, wie sich die Situation entwickelt und ich antwortete: »Doch schon, sehr gerne. Aber nur unter der Bedingung, dass das ab jetzt meine Einladung ist«. Er nickte, bezahlte die Drinks und wir gingen durch den inzwischen voll besetzten Speiseraum zu einem kleinen Tisch an einem Fenster mit Blick zum Hafen. Wir bestellten gekochte Krebse mit Zitronenbutter und helles Bier in großen schlanken Gläsern.

»Ich war bei der *Kintra Farm*, ist sehr schön dort.«

»Ja, aber weit von hier. Wenn du willst, kannst du deinen Wagen auf die Wiese neben meinem Haus, gleich dort drüben, stellen«, sagte Bill und zeigte zum Fenster hinaus. »Und ich mache dir morgen ein Frühstück, bevor du abfährst. Nimmst du die erste Fähre?«

»Ja, danke für dein Angebot.«

Während wir zu essen beginnen, frage ich:

»Wie ging es mit deiner Tochter weiter?«

»Als sie neunzehn war, brachte ich einmal einen Freund mit, wir hatten uns auf den Fahrten nach Sankt Helena kennen gelernt und angefreundet. Er war zehn Jahre jünger als ich und Zahlmeister, ich erster Ingenieur. Es kam, wie es kommen musste, sie verliebten sich, lebten für einige Zeit auf Jura, dann kaufte er hier ein Haus und sie heirateten. Nach einiger Zeit begann er, sie zu betrügen, war oft unterwegs und machte riskante Geschäfte. June, meine Tochter, wurde immer unglücklicher, irgendwann versuchte sie, sich das Leben zu nehmen. Dann starb Fred.«

Wortlos sitzen wir einige Zeit da, bis ich schließlich das Schweigen breche:

»Ich war gestern auf Jura. Im Pub des *Jura Hotels* habe ich das große Bild mit June und Fred gesehen. Der Barkeeper hat mir über die Ereignisse vor sieben Jahren erzählt.«

»War das ein rothaariger?«

»Ja!«

»Das ist Pitt, der hat lange Zeit Gerüchte gestreut, auch gegen mich.«

»Wie starb Fred?«

Bill sieht hin zum Fenster und sagt leise: »I don't know!«. Dann blickt er mich lange mit seinen melancholischen Augen an. Jede weitere Frage erübrigt sich und wir schweigen.

Schließlich kommt unser Gespräch erneut in Gang und ist bald wieder lebhaft wie zu Beginn des Abends.

An der Bar trinken wir zu guter Letzt Lagavulin mit drei Tropfen Wasser.

Später, als wir an seinem Haus angelangt sind, ich den Camper geparkt habe, wir ausgestiegen waren und uns die Hände gaben, sagte er: »Komm' morgen um sieben Uhr zum Frühstück. Süß oder salzig?«

»Salzig!«

»Sehr vernünftig!«

Brompton

Um sieben klopfe ich an die alte, rotlackierte Haustür. Bill öffnet und als ich eintrete, weht mir Kaffeeduft entgegen. Wir stehen in der kleinen Küche und Bill sagt: »Zunächst einen Espresso, wie ihn meine Verflossene gemacht hat«. Während wir an dem starken schwarzen Gebräu nippen, fällt mein Blick auf einen kleinen alten Holzrahmen über dem Esstisch. In ihm steckt ein Karton mit einem schwer zu entziffernden Text: »Mari, focu e fimmini, Diu nni scanza«.

Als Bill meinen erstaunten Blick sieht, sagt er: »Sizilianisch: *Meer, Feuer und Frauen, davor möge Gott uns bewahren.*« Wir schauen uns an und lachen. Dann beobachte ich, wie Bill in einer alten Eisenpfanne sorgfältig zwei Schweinekoteletts brät. Daneben steht ein kleiner Topf mit gedünsteten Champignons.

»Ich brühe noch Tee auf, Lapsong Souchong. Sein Rauchgeschmack passt gut zum Fleisch«. Dann frühstücken wir, ohne viel zu reden. Am Ende sagt Bill: »Wenn es bei dir zu Hause Winter wird, probier' den Tee einmal zusammen mit Lagavulin und denke dabei an Islay«. Dabei überreicht er mir einen kleinen, runden und grüngefärbten Pappzylinder mit dem berühmten Tee. Ich bin ziemlich bewegt und wir umarmen uns herzlich. Als wir vor die Tür treten, klopft er mir kräftig auf die Schulter und sagt: »Gute Reise!«

Um halb zehn verlasse ich mit der *MV Hebridean Isles* Port Ellen. Am rechten Ende der Bucht blinkt regelmäßig das rote Licht von *Singing Sands.* Vor mir die ausgedehnte, jetzt ruhige See, die bis zum weit im Süden liegenden Irland reicht. Nach einiger Zeit dreht das Schiff auf Kurs Nordost. Ich setze mich im Freien auf eine Bank und blicke zurück, bis Islay im Dunst verschwunden ist. Meine Reise zu den Hebriden ist bald vorbei und ich lasse gedanklich noch einmal die Erlebnisse der vergangenen Tage vorbeiziehen.

Nach zwei Stunden erreicht die Fähre Kennacraig auf der Halbinsel Kintyre. Ich fahre zunächst nördlich, entlang des lang gezogenen Loch Fyne bis zur geschichtsträchtigen Stadt Inveraray und dann in weitem Bogen wieder nach Süden, durch die grandiose Landschaft des Trossachs National Parks und höre immer wieder Van Morrisons *Caledonia Swing.* Irgendwann lasse ich Glasgow im Westen hinter mir und komme nach insgesamt vier Stunden Fahrt in Brompton am Hadrianswall an (165). Hier übernachte ich das letzte Mal, bevor ich morgen die Fähre zurück nach Amsterdam nehmen werde.

Newcastle-upon-Tyne

Um drei muss ich in Newcastle am Fährterminal sein. Also habe ich Zeit, mir ausführlich einige gut erhaltene Stellen des römischen Hadrianswalls anzuschauen (162). Als Kaiser Hadrian 122 nach Christus Britannien besuchte, befahl er den Bau einer langen und mächtigen Mauer am nordwestlichen Ende seines riesigen Imperiums. Er sollte als Schutz vor Angriffen der gefürchteten Barbaren aus dem Norden dienen, aber auch Handelswege kanalisieren und dadurch Steuereinahmen erhöhen. Die mächtige und streng bewachte 120 Kilometer lange Mauer erfüllte diesen Zweck erfolgreich über dreihundert Jahre. Aber dann änderte sich vieles, wie so oft. Ich denke an die Barbaren aus dem Norden, aus deren Land ich gestern zurückkam. Aber auch an alle anderen Bewohner »Großbritanniens«. Wie werden sie sich bei der heutigen Volksabstimmung entscheiden, pro oder contra Europa? Seit einer Stunde sind die Wahllokale geöffnet.

BARRA AIRPORT

Zu Hause

Während der weiteren Heimreise gehen meine Gedanken immer wieder hin und her zwischen den Erlebnissen, Begegnungen und Merkwürdigkeiten der letzten Wochen. Mit der Zeit aber kommt es in meinen Gedanken von ganz allein zu dem Konzentrat der Reise: Wester Ross, Harris und die beiden Whiskyinseln Jura und Islay sind die wichtigsten Stationen, die einen nachhaltigen Eindruck bei mir hinterlassen haben.

Mittlerweile ist ein Jahr vergangen und ich bereite gerade den Druck meiner Reiseerinnerungen vor, die in der Tradition von Paul Strand als Buch mit zahlreichen Fotografien erscheinen werden. Dabei erlebe ich, diesmal mit zeitlichem Abstand, die Reise noch einmal. Distanzierter, aber dennoch voller Emotionen und Erinnerungen an die Einzelheiten.

Die Äußeren Hebriden meiner Fantasie wurden durch die Reise real und greifbar, sehr konkret. Alles war plötzlich sinnlich fassbar und ich durfte Teil des Ganzen werden, was für mich eine interessante Erfahrung war: Ich konnte zwar noch selbst entscheiden, aber wurde auch davongetragen von den Landschaften, dem Wind und den Gerüchen. Und ich weiß, dass ich gut dazu gepasst habe.

Was bleibt?

Die erstaunlichen Erlebnisse mit Menschen und der Landschaft, deren Atmosphäre ich versuche, in wenigen Zeilen und Bildern zu spiegeln. Die beiden gut gelungenen Jacketts aus Harris-Tweed, die mich im letzten Winter angenehm gewärmt haben. Die Sorge um Großbritannien und die Frage, wo es eigentlich wirklich hin will. Entsteht nicht doch, ganz langsam, die aufkeimende Hoffnung, dass es zu guter Letzt doch nicht zu einem Abschied von Europa kommen wird?

Die Art des Reisens mit dem Auto, überhaupt zu reisen, beglückt und begeistert mich und meine Neugier und die Lust am Schauen spornen mich an.

Dazu pocht das Nomadenblut in mir und treibt mich an, die Wolken meiner Kindheit auch anderswo zu finden.

Inhalt

Inhalt

Impressum

Originalausgabe, 1. Auflage

ISBN 978-3-00-057706-2

Lektorat: Dr. Frauke Bayer
Gestaltung und Satz: Armin Stingl
Schrift: Thesis
Druck: Emmy Riedel, Gunzenhausen
Papier: 150 g/qm PhöniXmotion Xantur
Bindung: Thomas, Augsburg

Pollachar
Ludag
ERISKAY
FUDAY
Sound of Barra
BARRA
Mount Heaval
Borve
Castlebay
MULDOANICH
VATERSAY
BARRA HEAD
ARDNAMURCHAN
IONA
Loch Tarbert
NAVE ISLAND
JURA
Ardnave
Port Askaig
Machir Bay
Port Charlotte
Bowmore
Loch Indaal
ISLAY
Portnahaven
Port Ellen
Lagavulin
Singing Sands